ルポ　リベラル嫌い

津阪直樹
「朝日新聞」元ブリュッセル支局長

欧州を席巻する
「反リベラリズム」
現象と社会の分断

AKISHOBO

ルポ

リベラル嫌い

欧州を席巻する

「反リベラリズム」現象と社会の分断

目次

第4章 ブレグジットの背後にあるもの 取り残された人々の怒り 157

プロローグ　リベラリズムの行方

２０１７年５月、世界的に注目されていたフランス大統領選の翌日、私はパリで、デモ隊が警察官に投げる石から身を守りながら取材をしていた。

大統領選は事実上、右翼「国民戦線（現・国民連合）」のマリーヌ・ルペン党首（当時）と「中道」を掲げた前経済相エマニュエル・マクロン氏との一騎打ちだった。ルペン氏は選挙戦で、反移民や反グローバリゼーションを強く訴え、いわゆる反リベラルの代表格のような候補者だった。フランス革命以来の歴史を持ち、「リベラル・デモクラシー（自由と民主主義）」のイメージが強いフランスで、ルペン氏が大統領になるのか……。フランス国民だけでなく、欧州の人々が固唾《かたず》を呑んで見守った大統領選は結局、マクロン氏の勝利で終わった。

だが、その翌日、選挙ではマクロン氏を支持していたはずの左派系市民団体の一部が暴徒化した。パリ中心部のレピュブリック広場からバスチーユ広場まで、約１・５キロメートルの大通りを行進した参加者は「１日で十分。マクロン氏は辞職を」「（決選投票の）７日、我々はルペンと戦った。今日はマクロンに抵抗する。マクロン辞めろ」などと大声で訴えた。デモに参加したパリ在住のＩＴ技術者アメリエ・ゴーティエさん（43）は「マクロン氏が掲げる労働規制の緩和で、労働者は守られなくなる。市民の本当の生活を分かっているとは思えない」と、取材に答えた。

過激な主張をする右派への支持の拡大、選挙戦で勝ってもなお不満を爆発させる左派……。戦後、日本がモデルにし、追いかけてきた欧州の市民社会の姿はどこに行ってしまったのか。

私の頭の中にはいくつもの疑問が浮かんだ。

欧州の政治状況は、いま激しい二極化の時代を迎えている。フランスに限らず、各国で政治の二極化が進み、ハンガリーでは右派政党「フィデス＝ハンガリー市民同盟」への支持が広がり、オルバーン・ヴィクトル首相が長期政権を確立した。イタリアでは、「左派ポピュリズム」政党と呼ばれる「五つ星運動」が躍進したかと思えば、「右派ポピュリズム」政党「イタリアの同胞（FDI）」が政権を奪取するという振り子のような展開を見せた。イギリスでも、ナイジェル・ファラージ氏が率いる「ブレグジット（英EU離脱）党」が一定の支持を得て、2020年の欧州連合（EU）離脱にまでつながった。左右共に極端な主張をする政党が支持を伸ばす一方で、既存の中道リベラル政党の支持は伸び悩んでいる。こうした現象の背景には一体、何があるのか。

フランス大統領選の取材を終え、私はベルギーに渡り、欧州での特派員生活を本格的に始めた。その後の3年は、こうした疑問の答えに迫ろうとした3年だったと言えよう。左右問わず、欧州各地の当事者のもとへできる限り足を運び、話を聞きに行った。フランスの若者が主導する極右団体、チェコで過激な反リベラルの主張を訴え政治家になった、東京・高島平生まれの日系人、多文化主義で知られるオランダの極右政党のリーダー、EUが進めた緊縮策に抗議の辞任をしたギリシャの左派の元財務相、EU離脱を決めたイギリスの左派の重鎮政治家、貧困の現場に寄り添うソーシャルワーカー、反緊縮の奇跡を起こすきっかけを作ったポルトガルの若者、そしてリベラルの象徴的存在であるEUのリーダー……。

重要なことは、既存の政治にあらがう人々は、必ずしも「極右」や「極左」という言葉から連想するような過激な人だけではないし、「反知性主義」といった粗野な思考を持つ人ばかりでもないということだ。私が実際に会って話を聞いた人々は、一般的に流布するこうしたイメージとは大きくかけ離れていた。支持者の多くは、仕事に行き、家族との生活を大事にしたり、大学で学んだり、普通の生活を送っていた。

寛容の国とされるオランダで開かれた極右政党の市民集会で話を聞いた人の言葉が忘れられない。あるグローバル企業に勤める若い男性は「もう、リベラルはうんざりだ（ノーモア・リベラル！）」と苦々しげに話した。

私たちは、こうした人々の考え、意見に誤った先入観を持ったり、安易にレッテルを貼ったりせずに向き合ってきただろうか。取材を通して、そんな思いはいっそう強まった。

本書の取材中、元EU首脳会議常任議長のドナルド・トゥスク氏は、英国のEU離脱について私にこう語った。

確かに、EU離脱は英国民の怒りの一つの表現であったと思います。EUが体現してきたリベラル・デモクラシーへの対立軸として、離脱が人々に支持されたという側面もあると思います。（中略）トランプ大統領が当選した米国の大統領選でも同じ現象が見られましたが、それはとても危険な傾向です。愛国的で孤立主義で、外国人を敵とみなし、反移民感情を高める、そんな感情、怒り、恐れの融合です。問題の核心は、こうした反リベラルのメロディーが奏功してしまうことです。

トゥスク氏の懸念通り、「反リベラル」の動きは、近年、欧州で大きな広がりを見せている。そのメロディーは今後も鳴りやむことなく響き続けるのだろうか。それとも、リベラリズムがこうした人々の「怒り」と「恐れ」を深く受け止め、負の感情とは異なる解決策を示すことで、より強靭でしなやかな思想として復活を果たすことができるのか。

この本のテーマはこうした「反リベラル」の感情を持つ人々――〝リベラル嫌い〟の人々――の底流にある不安や不満を探り当て、「リベラル vs. 反リベラル」の不毛な対立をどう乗り越えていくのか、ということにある。本書がその建設的な議論の材料になれば幸甚である。

第1章

若者 vs. 団塊世代？

敵視されるリベラル

1：欧州に勢力広げる若者の極右団体GI

激しい移民排斥デモ

「移民を追い出せ！」

２０１９年11月17日、昼下がりのフランス・パリ。世界中から観光客を惹きつける華やかな街で繰り広げられていたのは異様な光景だった。

中心にいたのは若者数百人。多くの若者たちがデモに参加するため、フランス各地から貸し切ったバスで乗り付けていた。革のバッグとiPhoneを手に、長いマフラーを首に巻き、ウールのコートを着た20歳前後の女子学生や、ＦＩＬＡのマウンテンパーカーにジーンズ姿の男子学生。一見すると、ヨーロッパのどこにでもいる普通の若者たちだ。

だが、その訴えは過激だ。デモのために閉鎖されていたパリ中心部の道路を約2時間にわたり、練り歩き、発煙筒を手にした彼らが連呼していたスローガンはこういったものだ。

「イスラミスト（イスラム原理主義者）は追い出せ！」

「ケバブもモスク（イスラム教礼拝所）もうんざりだ！」

「ここは我々の家で、アルジェリア（フランスの旧植民地の北アフリカの国。イスラム教徒が多い）ではない。彼らがここですることは何もない！」

スローガンはさらに熱を帯び、激しさを増していった。

「パリへの攻撃は許されない。テロをやめろ！」
「ヨーロッパは欧州の市民のためにある。イスラムは欧州の外だ！」
「欧州を若者で再統治しよう！」

反イスラム移民を訴える右派団体GIのデモ。
フランス・パリ。2019年11月17日

デモは、４年前の２０１５年11月、パリであったイスラム過激派による「パリ同時多発テロ事件」に合わせたものだ。なかには、事件の容疑者の顔写真を貼ったプラカードを掲げる若者の姿もあった。取材に応じてくれた参加メンバーの一人は「イスラムとテロを結びつけることを意識している。あの事件を風化させないため、フランスをイスラム化させる政策に屈することは断固拒否する」と私に語った。

この日の集まりでは、投石や破壊行為など、フランスのデモでは珍しくない暴力的な行動はなかったものの、激しく、攻撃的なスローガンに、デモに居合わせた地域住民は腫れ物に触るかのように目を背けていた。

とりわけ、デモで名指しされた人々の恐怖感は強い。パリ在住のイスラム教徒オマールさん（33）はこう話した。

とても恐ろしいです。デモからは強い怒りを感じます。私のような一部の人を狙ったデモで本当に本当に怖いです。

オマールさんは彼らが使った「イスラミスト」という言葉にも強い嫌悪感を示した。

イスラミストは本来、「ジハード（聖戦）を行う者」という意味があります。自分たちはムスリム（イスラム教徒）だから、自分の住んでいる地域で、自分のことをイスラミストと言う人など一人もいません。イスラミストとムスリムという言葉の間にはそれだけ明確な違いがあるのです。デモが言及しているのは、あくまでイスラミストでムスリムではないのかもしれませんが……言葉の裏にフランスにいるムスリムへの憎悪があることは明らかだと思います。

その一方で、デモに賛同するパリ市民もいた。
ドイツとベルギーにルーツを持つフランス人の年金生活者ロベールさんはこう語る。

我々にもイスラム教を恐れる権利はあるはずだ。左派の人々は愛国者を憎み、よく「敵」に好意を示す。けれど、我々は今、イスラムとの戦争のただ中にいるんだ。それなのに今の政府の対応を見ていると、フランスが今どこに向かおうとしているのか全く分からないんだよ。

匿名を条件に取材に応じてくれた60代の男性も「私はＧＩ（デモを主催する団体）のメンバーではないが、ＧＩを支持している。私はかつて（フランス国粋主義の政治団体である）アクション・フランセーズに属していた。真の愛国者だから、今日はデモを大きくするためにここに来た。彼らは十分な資金がない。だから支えてあげないといけないんだ」と話す。
デモには、私以外にもいくつかの地元メディアが取材に来ていた。翌日、地元メディアは「パリで〝イスラム化〟反対デモ　反移民、反イスラム訴える」（「ハフィントンポスト・フランス」）、「〝イスラム主義〟に反対する極右のデモ」（「ル・パリジャン」）などと伝えた。

若者の極右団体GIとは

白昼堂々、パリで過激な差別用語を連呼するデモを主催した若者の団体「GI」とは何なのか。

GI（ジェネレーション・アイデンティティ）は2012年、移民の流入と「欧州のイスラム化」と戦い欧州を守るための組織としてフランスで設立された。

最大の特徴はメンバーを原則、活動に参加しやすい若者に限定していることだ。加入できるのは16〜25歳で、平均年齢は22歳。「ジェネレーション・アイデンティティ」という名前の通り、まさに若者世代の運動だ。会費は「通常メンバー」なら年10ユーロ（日本円で約1200円）、「サポートメンバー」なら20ユーロ（会誌付き、約2400円）と学生でも払える金額に設定されている。活動にかかる資金は会費に加え、グッズの売り上げと寄付で賄っている。

正確な数字は明らかにされていないが、メンバーは数千人。男女比はおおむね7対3だという。拠点はフランス国内に10ある他、イギリス、ドイツ、イタリア、オーストリア、チェコなど欧州の他の国にもある。

GIは設立後、急速に支持を広げ、今や欧州で有数の極右組織になっている。彼らを有名にしたのがメディアの注目を引く過激な活動だ。

例えば、2017年夏、船の沈没で海に投げ出された移民などの救出を地中海で行っている国際ＮＧＯ「ＳＯＳ地中海《メディテラネ》」の活動を、船を使って妨害した。フランス当局によると、移民を降ろし、空《から》になった船をＧＩは沈めた。

また、ＳＯＳ地中海が移民の密航業者と連携しているとして、２０１８年秋にはＳＯＳ地中海の事務所を占拠し、メンバー22人が拘束された。ＡＦＰ通信によると、事務所に押し入ったＧＩのメンバーは発煙筒をたき、事務所の窓から「ＳＯＳは人身売買の共犯者だ」と書いた横断幕を掲げた。ほどなく警察が駆けつけ、拘束された。ＳＯＳ地中海のスタッフにけがはなかったという。

同年4月には、イタリアからアルプス山脈を越え、フランスに入ろうとする移民を捕まえ警察に引き渡すなど、ヘリコプターも使った大規模な監視活動を展開。フランス当局によると、メンバーはフランス警察の制服によく似た青いジャケットを着てこの活動をした。これも不法な活動として一部のメンバーが起訴されている。

ＧＩによるとこの活動は「不法移民の入国を防ぐための国境閉鎖」「アルプス上空からの監視活動」「密入国している場所と密入国あっせん者の特定」の3段階に分けて実施された。結果、「ＧＩは警察当局に政治意志があれば、国境管理を取り戻すことができることを証明した」という。また、こうしたＧＩの活動を受けて、「フランス政府は国境地点を警備する警察官の数を増やすことを決めた」としている。地中海、アルプス、いずれの出来事もメディアで大きく取り上げられた。

その一方で、ＧＩは他の顔も持つ。「欧州市民」に限っているが、毎冬、ホームレスに食事や衣類を配っているのだ。彼らはこれを「移民を助ける政府によって、見捨てられた欧州市民を救う連帯ツアー」と位置づけている。普段の中心的な活動はメンバー勧誘のために、ＧＩのステッカーやパンフレットを高校で配ったり、メンバー同士の親交を深めるパーティーを開いたりすることだ。ボクシングなど格闘技の訓練や筋トレも活動に含まれるが、暴力自体は厳しく禁じていて、認められるのは「思想を異にする団体」（！）からの攻撃があった場合のみだという。

テロが欧州社会に与えた衝撃

過激な活動で知られながらＧＩの支持が広がっている背景の一つに考えられるのは、欧州でこの間頻発したテロだ。ＧＩによると、メンバーが急増したのは２０１４年以降。欧州でイスラム過激派による大規模なテロ事件が起き始めた頃だ。テロをきっかけに欧州でイスラム移民に対する反感が高まる中、ＧＩは重視する「行動主義」を実践し、活動を過激化、活発化させてきた形だ。

実際、テロが欧州市民に与えた衝撃はかつてないほど大きかった。

パリのＧＩのデモで何度も言及されていた２０１５年11月13日夜のテロ事件は、入念に準備された極めて凄惨《せいさん》なものだった。爆発物や自動小銃を使った無差別の銃撃や自爆テロが約30分の間にパリ市内6カ所で発生し、少なくとも130人が犠牲になった。

最初にテロが起きたのは、パリ北郊サン・ドニにある8万人超収容のサッカー場「スタッド・ド・フランス」だ。2014年サッカー・ワールドカップ王者のドイツとフランスの親善試合が行われ、多数の観客が押しかけていた。爆発があったのは試合中のことだ。競技場入り口や付近のファストフード店で計3回発生し、死者が出た。試合はオランド大統領（当時）も観戦していたが、幸い被害には遭わなかった。

テロの標的となったパリのカンボジア料理店の前でろうそくをともし、涙を流す女性。2015年11月14日

サッカー場での爆発直後、パリ市内のレストラン2店、カフェ2店などで相次いで銃撃や自爆テロが発生。パリ中心部が混乱に陥る中、最後にテロの標的になったのは、米国のバンド「イーグルス・オブ・デス・メタル」のライブが行われていたコンサートホール「ル・バタクラン」だった。

コンサートの開始から約1時間が過ぎ、約1500人の観客が演奏に酔いしれている頃、自動小銃AK47を持った黒装束の犯人らが現れた。いきなり銃撃を始め、逃げようとする人々も次々に撃たれた。犯人グループはその後、人質をとった。警官隊が突入すると、犯人のうち三人が自爆装置を起動させて死亡、90人近くが命を落とした。

一方、事件直後から関与が疑われていたイスラム過激派組織「イスラム国（IS）」はすぐに、ネット上に犯行声明の動画をアップした。銃を手にした男らが並ぶ中、「フランスが空爆を続ける限り、平和ではいられない」「おまえたちは我々を抑圧し、宗教を攻撃し、預言者を侮辱した」などと、IS対策としてフランス政府が実施していたイラク、シリアへの空爆を批判。イスラム教徒に向けて「フランス人に脅威を与え、眠らせるな。武器や車、毒まで入手可能だ」と戦いに参加することを呼びかけた。

さらに、この事件の1年半前の2014年5月にはベルギーの首都ブリュッセルにあるユダヤ博物館でイスラエル人観光客ら4人が射殺され、アルジェリア系フランス人の男が逮捕された。「朝日新聞」によると2015年1月には同じパリで週刊新聞「シャルリー・エブド」などが襲撃され、12人が殺害された。

いずれの事件も欧州で育った「ホームグロウン（国内育ち）」と呼ばれるイスラム系移民の子孫や、中東から来たイスラム過激派が関与していた。イスラム過激派が犯行に関わったとする声明も発表し、「欧州 vs. イスラム」の構図で伝えるメディアが多かった。

悲惨な事件が相次ぎ、ヨーロッパで暮らす人々にとって、イスラム過激派によるテロは身近な恐怖になっていた。私が赴任していたベルギー・ブリュッセルでも、地下鉄の車内や主要駅

ヨーロッパで近年起きた主なテロ事件

2016年	
3月	ベルギー・ブリュッセル：空港や地下鉄駅で爆発が起き、32人が死亡
7月	フランス・ニース：花火の見物客に大型トラックが突っ込み、86人が死亡
12月	ドイツ・ベルリン：大型トラックがクリスマス市に突っ込み、11人が死亡
2017年	
3月	英国・ロンドン：国会議事堂とその周辺で乗用車や刃物を使った襲撃で、4人が死亡
4月	スウェーデン・ストックホルム：中心部でトラックが歩行者専用道路を暴走し、5人が死亡
6月	英国・ロンドン：ロンドン橋などで乗用車や刃物を使った襲撃で、8人が死亡
8月	スペイン・バルセロナ：ランブラス通りで乗用車が歩行者に突っ込み、10人以上が死亡

では警察官や銃を携えた軍兵士がひっきりなしに巡回していた。空港の保安検査は厳重で長蛇の列ができていないことの方が珍しい。ベルギーにある日本大使館では大きなイベントがあるごとに在留邦人に対し、テロに警戒し、人混みを避けるよう注意喚起がされていた。

こうした状況に、テロとの戦いを前面に掲げたＧＩの戦略がはまったのは間違いない。ただ、対テロという文脈だけでＧＩを捉えようとすると見誤る。

彼らがイスラム移民と並び、「敵」と位置づけているのはリベラル派だ。特に敵視するのは第二次世界大戦後に生まれた「ベビーブーマー」世代、日本で言うと団塊の世代にあたる。この時代に生まれた左派の学生が主導し、１９６８年にフランスで起きた歴史的な反体制運動「五月革命」を歴史の分岐点だと位置づけている。ＧＩは、彼らが移民やイスラム教に寛容な今のフランスをつくったとし、「戦争宣言」の対象にしている。今は閉鎖され、閲覧できなくなっているGＩのHPには、「ベビーブーマー世代のリベラル派が、今、我々が暮らしている地獄の原因をつくった」と記されていた。

GＩの若者が考えていること

若者はなぜ、GＩに惹きつけられるのだろうか。普段はどんな活動をしているのか。私は幹部に接触し、秘密裏に行っている会合に参加させてもらった。

デモの4日前の2019年11月13日。すっかり日が落ち、暗くなった午後6時半、フランス南部トゥールーズ中心部にある地下鉄の駅の出口で、メンバーと落ち合った。

現れたのは、いずれもGＩトゥールーズで幹部を務める男性メンバー二人。コランタンさん(26)とカールさん(21)だ。二人ともジーンズ、スウェットといったカジュアルな格好。目にとまったのは、コランタンさんが着ていたパーカーだ。戦後の日本を代表する作家で保守派の論客だった三島由紀夫と、日本列島が描かれていた。三島は1970年、陸上自衛隊市ケ谷駐屯地に立てこもり、自衛隊に決起を呼びかけ、「天皇陛下万歳」と叫んで割腹自殺している。コランタンさんにパーカーについて訊くと、「三島の思想、作品が好きだから買ったんだ」と教えてくれた。

二人に案内されたのは、メンバーの部屋だという古いマンションの一室だった。薄暗いが天井が高い部屋はよく整理されていて、アジトのような雰囲気はない。毎週水曜夜、ここにメンバーが集まり、集会を開いているという。

二人にGIのメンバーになった理由や反リベラルの考えについて訊いてみた。まずは、大学で文学を専攻するコランタンさんだ。

コランタンさんはもともと政治に関心があり、右派の思想に共感していたという。政治活動に参加したいと思ったのが3年前。いろいろな右派団体を調べる中で、「GIは過激だけど、実用主義的《プラグマティック》でもあり、常に現実を気にかけ、それに適合させられる政治的なセンスがあるんです。知的な部分と大胆さのバランスにも惹かれ、メンバーになった」という。GIの活動は人々に注目されていて、「群衆の中から抜け出すことができる」とも思ったそうだ。

メンバーになって1年半後、コランタンさんはトゥールーズ支部の幹部に抜擢された。会合にまめに参加し、熱心さや勤勉性を示せたことが決め手になったという。

実際、コランタンさんは「献身的」だ。先述した、2018年秋の国際NGO「SOS地中海」の事務所の占拠に加わり、逮捕されている。留置場に入れられたものの1日で釈放され、当局に携帯電話を没収されただけで済んだという。

トゥールーズ市庁舎の屋根に登り、「ジハーディスト（聖戦主義者）がトゥールーズに戻ってくることに反対するキャンペーン」にも参加した。フランスメディアでも多く報道された活動だ。

こうした非合法な活動について、「GIの一面ではあるけれど、すべてではないんだ。自分はそのためにメンバーになったわけではないが、人々が政治にどんどん無関心になっている時代には注目を集めるため、少しのリスクを負うことは必要だと思う」と話す。

コランタンさんの両親は、まさにベビーブーマー世代のリベラル派だ。かつて共産主義を支持した母親は今、社会民主主義支持に変わったという。父親はジャン＝リュック・メランション氏（マクロン氏やルペン氏とも大統領選で戦った急進左派の政治家）を支持し、生粋のリベラル左派だ。

なぜ、リベラル派が問題なのか。コランタンさんは「両親のような世代のリベラル派が今のヨーロッパをつくってきた。例えば、移民に母国の家族を呼び寄せる権利があるという考えは1970年代のフランスで生まれた。EUが家族呼び寄せ制度を採用しているのはそのためだ」と話す。

コランタンさんが指摘した「家族呼び寄せ制度（Family Reunification）」はEUが2003年に定めたものだ。EU各国が移民の新規受け入れを制限しても、この権利によってすでにいる移民の家族の移住は拒めない、という理由でしばしば、論争を起こしている。

コランタンさんは両親と政治に関する議論を全くしないという。「親は情報をテレビのニュースに頼り、大手メディアの思想や視点に影響され、GIをゆがんだ目で見ているんだ。なぜ息子である自分がメンバーになったか、理解できていないと思うよ」と話す。左派が強いフランス西部のブルターニュ出身の親族にはＧＩのメンバーであることは隠しているそうだ。「もしそれを知ったら、すごい反応をするから、知らせない方がいいと思っている」「政治の話は極端に二極化しやすい」という理由で「友人にもほとんどＧＩの話はしないんだ」という。

取材を通じて、コランタンさんから強く感じたのは、リベラル派が扉を開けたとする移民の受け入れに対する嫌悪感だ。

コランタンさんは、「ヨーロッパは今後、アフリカからの移民がもっと増えるだろう。だけど、彼らと我々はアイデンティティに関して極めて深刻な違いがあるので、数多くの問題を持ち込むことになるだろう。世界中からあまりに多くの人が母国を離れてパリに住もうとする。今や、フランスのアイデンティティ、ルーツは浸食されてしまっているんだ。もはや、誰も『フレンチマン』とはいかなる者で、どう生活するべきか分からなくなっている。（ルネサンス期のイタリア人画家の）レオナルド・ダ・ヴィンチはフランスに移住し、同化できたかもしれない。でも、１００万人の移民の同化は（移民の受け入れを発表した）ドイツでは起こりえない。移民は我々の生活をよくする存在ではないんだよ」と断言する。

だが、現実には、フランスにやってくる大半のイスラム教徒は、過激な思想を持っておらず、フランスの社会、文化を尊重しようとしているのではないか……。そんな私の質問にもコランタンさんは真っ向から反論した。

彼らの多くは我々のように過激な信仰、思想を持っていますからね。大きな違いは、ここは我々の家で彼らの家ではないということ。欧州社会と考えや思想が異なる移民は、欧州の治安や自分たちのアイデンティティにとって問題になるんです。ヨーロッパ各国が国民1500万人をオーストラリアに送ったら、オーストラリア市民を悩ませ、苦しませることは明白でしょう。我々は似た文化を持っているにもかかわらずです。

では、どうすればいいのか。コランタンさんの答えはある意味でシンプルだった。

我々がするべきことは「再移民（re-migration）」で彼らを母国に返すことです。移民問題に関してはいろいろな解決策が試されてきたが、うまくいかなかったと思っています。残っている唯一の解決策が「再移民」です。この解決策はすべての人にとって有益です。我々には、まだミスを取り返す時間はあります。

私は、思いきってコランタンさんに「GIの思想、行動は人種差別主義ではないか」と訊いてみた。すると「『自分たちは人種差別主義者じゃない』とは言えない。GIの活動は過激だし、勇ましいからね」という意外な答えが返ってきた。

むしろ、コランタンさんはGIに入り、自分がそれまで漠然と抱いていた問題意識が間違いではなかったと確信し、思想がさらに深まったという。「ＧＩの活動を通して、自分の考えがより洗練されたんだ。以前はフランス中心の思考をしていたけど、ヨーロッパの文化という捉え方で物事を考えられるようになったんです。フランスかイギリスか、フランスかドイツかという不毛な議論を超越することができるようになりました。（ヨーロッパを一つの国とみなす）ヨーロッパ連邦主義という考えがとてもしっくりくるようになったし、政治、社会におけるアイデンティティやポピュリストという概念への理解も進んだ。民主主義や『ローカル・リベラリズム』という考えならリベラル派に賛同できますよ」と話す。

コランタンさんがＧＩで目指すのは、政治改革だという。フランスの極右政党「国民連合（ＲＮ）」への支持も明言する。国民連合は、党首を務めていたマリーヌ・ルペン氏が２０１７年のフランス大統領選で決選投票に残ったり、２０１９年５月の欧州議会選でフランスの第一党になったりするなど、近年の欧州での右派の躍進を象徴する政党だ。

ルペンはベストな政治家ではないし、ＲＮはいくつかの分野で物足りないけれど、ルペンもＲＮも支援しなければいけないと思っている。何もしなかったり、文句を言ったりしているだけでは、物事は何も変わらないからね。努力すればよくなっていくと思っているし、正しくても負けてしまうということは受け入れられないんだ。ＧＩが政治的な訓練をしているのは、ヨーロッパを統治できるリーダーを育てたいから。実際、一部のメンバーは選挙に関わったり、政治家のアシスタントになったり、政治家になったりもしている。メンバーの誰かがいつの日か、大統領選の候補者になると思っているんだ。

コランタンさんは力を込めてそう語った。

法律事務所に勤務するカールさんがメンバーになったのは17歳だった高校生の時だ。初めはフェイスブックでGIの活動をチェックする程度だったが、次第に「大量の移民の問題と治安への懸念を強めた」という。GIが中核に据える「ヨーロッパの文化を守る」という思想に強く共感し「自分たちの文化を守ることが何よりも重要で、そのための活動に貢献したいと思うようになった」と語る。

ほどなく、GIが毎年夏、欧州各国のメンバーを対象に開く「サマー・ユニバーシティーズ」というイベントに参加するようになり、その思いはさらに強まった。英国やオーストリアなど他の欧州の国の多くの若者と知り合いになったことで、「欧州市民は、大量の移民という共通の問題を抱えていると確信した」という。

カールさんもまた、移民に関してはコランタンさんと同様に強い信念を持つ。

「彼らは戦争を逃れてきた難民だ」という議論は真実ではないと思っているんだ。「カレー・ジャングル（フランス北部カレーの難民キャンプ）」にシリア難民は２％しかいないからね。フランスに来ている多くの移民は、経済目的であることは明らかだよ。我々がフランスでそうしているように、彼らは自分たちの家、国、祖先が眠る大地で幸せに暮らして欲しいと願うよ。フランスに働きに来ているルーマニア人やポーランド人も多いけど、彼らはそんなに問題じゃない。かつて、スペイン人、ポルトガル人、イタリア人も欧州内で移住してていたが、大きな問題にはならなかったから。自分の家族もポルトガルにルーツがあるけど、それがフランスで問題になったことはないからね。

友人にＧＩのメンバーはあまりいないが、「ＧＩのメンバーであることは自分にとって重要なこと」で、家族にも友人にも隠していない。周囲の人は賛成も反対もしていないという。

取材を通して、二人とも柔和な表情に落ち着いた話しぶりで私の質問に答えてくれた。自分から話をすることはあまりなく、訊かれたことに対して分かりやすく答えようとする様は、彼らの頭の回転のよさに加え謙虚さを感じさせるものだった。ＧＩの過激さとのギャップに戸惑いを感じているうちに、この日の最大の目的である夜の集会が始まった。

2：GIの集会に潜入取材する

GIのフランス・トゥールーズの拠点で開かれた集会。写真中央がカールさん。2019年11月13日

夜の秘密集会

集会の開始時間の午後7時半が近づくと、続々と若者が集まってきた。この日はカールさん、コランタンさんの二人も含めた男性10人、女性二人の計12人が集まった。そのうちの数人を紹介するとこんな感じだ。

・ヴィクトルさん：2018年4月からメンバー。歴史学を専攻する男子学生。
・タイスさん：外国語を専攻する大学3年生の女子大生。部屋の持ち主。
・リズロットさん：16歳から活動に参加。女性。
・アンジェランさん：建設業界で働く22歳の男性。

年齢は最年少が18歳、最年長が27歳で、大半は学生だ。

テーマは「新メンバーをどうやって勧誘するか」という極めて重要なものだった。コランタンさんが初めに「勧誘時はスパイに細心の注意を。スパイは騒ぎを起こして、我々の活動に打撃を与えようとするから。だから、最初に会う時は相手が一人の時を選ぶように」と注意をすると、講師役のカールさんにバトンが渡された。カールさんはＧＩの「サマー・ユニバーシティーズ」で、勧誘ノウハウを学んだという。この日、メンバーに伝授された方法は次のようなものだ。

・どこかの若者が、ＳＮＳで活動に関心があると連絡してきたら、すぐに返信をすること。２週間も待たせたら、素人集団だと思われる。
・相手の性格、思考をあらかじめ、ＳＮＳなどで調べること。
・スパイに注意すること。初めて会う際はＧＩという組織の一員ではなく、あくまで個人として接する。
・ＧＩのメンバーは動くパンフレットである。清潔でカジュアルな服装を心がけ、メッセージ性のあるブランド、スポーツウェア、フォーマルスーツは避けるように。
・面会の場所は重要だ。うるさすぎず、あまり人が多くいない場所で行うこと。
・最初の面会はビールでも一緒に飲んで、堅苦しくならないように努めること。１杯目の支払いはＧＩが負担する。
・面会時はできるだけＧＩのメンバー二人対一人で臨む。三人だと高校卒業時の口頭試験のようだから。
・相手が敬虔《けいけん》なカトリック教徒なら、カトリック教徒が勧誘役に。女性なら女性が対応をする。
・候補者が家族から経済的な支援を受けていなかったり、家族と問題を抱えていたりしている場合、我々はより必要とされる傾向にある。「ＧＩがよりどころになれる」ことを伝えよう。
・軍人や医学生は避ける。忙しくて活動に参加できないから。
・ＧＩの行動主義は時に不快なものと受け止められている。行動主義のよい面を強調すること。
・逮捕を心配する人もいる。警察に捕まって拘留された時に何を言うべきか、どんな権利・義務があるか、ＧＩが対処法をちゃんと教えると伝えて安心させて。失業の心配にも「メンバーが仕事を見つけてくれる」と伝えて。
・面会が終わったら報告書の作成を。不可欠な要素は年齢、職業、居住地、身だしなみ、活動に参加する自由度。その後、幹部が希望者にもう一度、別のメンバーに会わせるか決める。
・理想を言えば、新メンバーのためにスポンサーを見つける努力をすること。
・反ファシスト運動（アンティファ）の過激派が混じっているかもしれない。彼らは、我々を捜しているから。だから、幹部の名前や携帯番号を気軽に教えてはいけない。連絡はこちらからまめにするように。

実用的で、細部にも行き届いたノウハウ。私はいちいち驚かされる一方、このノウハウの裏には、あまたの失敗があったのだと思った。そして、何より感じたのは、洗練されたこのノウハウにあらがうことのできる、10～20代の若者はほとんどいないのではないかということだ。メモを取りながら、そんなことを考えていると、カールさんは集まったメンバーに対し、自身のこんな経験談を話し始めた。

勧誘がいつもうまくいくと期待しないで欲しいんだ。自分が、柔道の黒帯を持つ25歳の若者と面会した時のことなんだけど、彼からは「ＧＩを背負って立つ」といった雰囲気がして、とても熱意を感じたんだ。でも、その後、二度と連絡が来ることはなかったよ。もう一つの失敗例を話そう。警察官のメンバー志願者と面会した時のことだ。彼は最初の面会にひどく遅れてきたんだ。その後分かったんだけど、かなりの妄言癖があり、流れ星のように姿を消してしまったよ。

すでに勧誘活動をしているメンバーに向けたものなのだろう。うまくいかなくても、やる気を失うな、すぐにあきらめるな。カールさんの失敗談の披露にはそんなメッセージを感じた。最後に設けられた質疑の時間もメンバーの不安や心配に寄り添い、実用的かつ、モチベーションを保たせるものだった。

参加者：GIに興味を持ち、面会を希望した相手が携帯のメッセージに反応しなくなった場合、どうしたらいいかな。もう一度連絡すべきか、興味を失ったと判断すべきかな。

コランタンさん：もう一度連絡をしてみて。ただ、時間帯を変えてみるなど工夫をして欲しい。

参加者：初めて会う時、親しみを込めた「テュ（フランス語で君）」、かしこまった「ヴ（フランス語であなた）」、どちらを使うのがいいかな。

コランタンさん：GIは若者の活動だから、「テュ」でいいよ。

参加者：とても感触が悪い面会は、どうやって終わらせたらいいかな。

コランタンさん：「GIはあなたが求めているような活動ではない」と説明をして。それでも納得しないなら、就職の面接試験のように、「また連絡するよ」と言って別れていい。もちろん、以降連絡はしないで。

参加者：相手のことがいいと思ったら、フェイスブックのグループにすぐ入れてもいいかな。

コランタンさん：それは好ましくないね。少し時間を置いてから決めた方がいい。

参加者：イスラム教徒の友達がいる人は、メンバーになるにあたって問題はないかな。

コランタンさん：イスラム教徒は個々人レベルでは全く問題ないので、気にする必要はないよ。我々が問題視しているのは、大きなグループでフランスに移住しようとしているイスラム教徒だからね。ただ、イスラム教徒の友達しかいなくて、いつもケバブを食べていて、フランス人の友達をつくろうとしない人は好ましくないね。

質問も回答も大半はとても素朴で、若者らしく思えた。大学のキャンパスで日常的に見られる、友人の相談に乗る若者といった感じだ。若者にとって、ＧＩのメンバーになることや、活動に参加することの心理的なハードルが低い理由の一端を見た気がした。また、一連の講義や質疑を通して感じたのは、ＧＩは来る者拒まずに見えて、その実、メンバー候補者を慎重に選んでいることだ。活動を続けられそうもない医学生や、あまり思い入れが強くなさそうな若者は最初の段階から排除している。士気が高く、活発に活動できるメンバーで構成されていることは、ＧＩの勢いを保つ重要な要素になっていることもうかがえた。

約1時間半の集会が終わると、5～6人のメンバーで近くのパブに繰り出し、私も誘われた。ここでは、ＧＩとはほとんど関係ない話題が中心だった。この日は私がいたこともあり、日本のアニメの話で盛り上がった。打ち上げは、「学校の勉強に支障が出ないように」という理由で1時間ほどでお開きになった。若者の日々の生活という「日常」と、ＧＩの活動という「非日常」。どちらも尊重しつつ、その二つを簡単に行き来できるようにしている、そんな配慮を感じた。

強まる当局の警戒感

GIがこうした草の根的な活動を広げる一方、フランス当局の警戒は強まっている。2019年6月、国会で発表された特別報告書「フランスの極右グループとの戦い」は、GIについてかなりのスペースを割いて言及している。

報告書は、まず「極右グループは共通して、フランスの制度への嫌悪感を持ち、いくつかのグループは国家の主権機能を奪うことを躊躇《ちゅうちょ》しない」と、極右は反政府機関であると認定。その上で「GIはその完璧な例だ。いくつかの主要都市、特にリールでは犯罪者に対するパトロールを行っている。大統領府の見解では、こうした公的機能の侵害は受け入れられず、強く批判されるべきものだ」と、名指しで批判している。

さらに、私が感じたように、「極右グループは精緻な構造からなる」と指摘。その最たる問題として「最も重要なことは確かな攻撃能力を持つことだ」とした。具体例として、GIが2018年4月にアルプス山脈で不法に移民を取り締まった「国境活動」に言及。SNSで盛んに連絡を取りながら、ヘリコプター2機、複数のドローンなどをドイツ、イタリア、ハンガリー、デンマーク、オーストリアから調達したとした。先述した、地中海での「パトロール活動」では、船を借りるための費用など15万ユーロ（約1950万円）を集めたと詳述している。

さらに、報告書はＧＩのネットワークについて、警鐘を鳴らしている。２０１９年3月にニュージーランド・クライストチャーチの2カ所のモスクで、50人以上を銃で殺害した20代の白人至上主義者の容疑者は、ＧＩに会費（１０００ユーロ＝約13万円）を払っていたという。また、国民連合（ＲＮ）との関係についても、様々な観点から考察。２０１１年にＲＮ（当時はＮＦ、国民戦線）の党首に就いたマリーヌ・ルペン氏は、党から過激派を排除しようとしたが、過激派は「引き寄せられるように周辺にとどまっている」としている。ＧＩの元メンバーの中には、ＲＮの協力者になっている者もいるとし、ＧＩリールのメンバーが、バーでＲＮ所属の国会議員の女性と会話していたことも記載している。

ＧＩの運動の根底には「伝統ある政治分野で、尊敬されたいという願望がある」との見方を示し、「政治思想的には対極にあるが、（行動主義的な環境保護活動で知られる）グリーンピースのような告発者である」としている。そして、結論として「ＧＩは法律のグレーな領域を不当に活用したり、外国人嫌悪をあおったりしている。解散させるべき基準を満たしているように見える」とした。

報告書から感じられるのは、ＧＩに対する強い警戒感だ。近年、支持を広げる政党ＲＮとの関係を詳しく記した上で、慎重な表現ながら、「解散」させるべきレベルに達していると警告している。実際に、フランス政府内では、過激で非合法な活動を繰り返すＧＩを解散させようという動きが強まっている。すでにＧＩのフェイスブックは閉鎖され、他のＳＮＳも厳しく監視されている。

だが、GIは徹底抗戦の構えだ。GIによると寄付金を送るサイトも一時、利用できなくされたため、小切手や仮想通貨でも寄付ができるようにしたという。解散について、コランタンさんは「それは不可能だ。解散をさせる理由になるようなことは我々は何もしてないから、思想を理由にした権力の濫用以外の何物でもない。もし、そんなことをしたら、『左派は言論弾圧をする』というGIのこれまでの長年の主張を裏付けることにもなる。大きな政治運動が起き、世論はさらに二極化する。何百万の人が我々と同じような考えを持っているのだから、GI支援の動きも強くなるだろう。万一、解散させられたとしても、別の形で政治闘争は続けていくつもりだ」と話す。

3：GIリーダーの論理

実現したインタビュー

GIは何を目指し、フランス、欧州をどうしようとしているのか。私はその答えを求めて、フランスのGI全体のリーダーを務めるクレマン・マルタン氏にインタビューを依頼した。G

Ｉのリーダーがインタビューに応じることは稀である。当然、断られることも想定しての試みだったが、意外にもマルタン氏は拠点にする南仏ニースの事務所での取材を快諾してくれた。フランス当局も警戒心をあらわにする極右グループ、ＧＩのリーダーとは果たしてどのような人物なのだろうか。好奇心と不安がないまぜになったような気持ちを抱え、私はブリュッセルからフランスへと飛行機で向かった。

GIのリーダー、クレマン・マルタン氏。フランス・ニース。2019年

指定された場所は、観光地として知られるニースの中心部にあるバーだった。広さ20畳ほどでバーカウンターを備え、壁にはスピーカーがある。物々しい雰囲気はなく、外からも一目でバーと分かる。ＧＩのメンバーが集まりお酒やジュースを飲んだり、「テーブルフットボール」と呼ばれるサッカーゲームで遊んだり、親睦を深めるＧＩ専用のバーだという。

約束の時間に、このバーで待っていたマルタン氏は、ＧＩの勧誘ノウハウを忠実に具現化したような人物だった。短く刈り込んだ髪形に、水色の長袖のシャンブレーシャツ、左手の薬指には結婚指輪も見える。とても清潔な印象だ。表情も口調も極めて穏やかで、過激な政治団体のリーダーというよりも、大企業の広報担当という方がしっくりくる。

マルタンさんは慎重に言葉を選びながら質問に答え、インタビューは約2時間に及んだ。GIのリーダーのインタビューは貴重なため、少々長くなるが、以下でできる限り質疑を紹介したい。

――GIに入るきっかけは何だったのですか？

直接のきっかけになったのは、私が高校生だった2007年、ヴィリエ・ル・ベル（パリ北部）で移民反対を訴えていた若者のデモを見たことです。デモ活動をしていた若者を警察官が催涙弾で撃ち、暴動に発展しました。私はこんなことを続けていたら、いずれ、フランスで大きな衝突が起きると思いました。そうした危機感から、GIの前身である団体と連絡を取り、活動に参加するようになりました。でも、最初は年に1、2回イベントに参加する程度でした。働くようになってからも夜と週末の勤務だったので、熱心な活動をすることができませんでした。転職し、ニースに引っ越したことで状況が変わり、活動に入れ込むようになりました。今ではGIのフルタイム労働者のようなもので、GIから給与も受け取っています。

――ＧＩのどういった点が魅力的でしたか。

美意識です。フランス中心ではなく、ヨーロッパの視点を持っていること、過激な活動をする団体の中で最も熱心に活動していること、他の右派団体のようにメンバーは顔を何かで覆って隠すようなことはせず、勇気があることです。

――他の右派グループとＧＩとの違いは何ですか？

最大の違いは、ＧＩはフランス中心主義ではないということです。私たちは親欧州主義の立場に立っています。といっても、この場合の欧州は（ＥＵ本部のある）ブリュッセル、すなわちＥＵの欧州という意味ではありません。

――ＥＵに問題があると。

（現在のＥＵは）欧州のアイデンティティを考慮しない制度、構造になっています。分かりやすい例では、トルコのＥＵ加盟を検討していることや移民政策です。私たちにとって欧州の連帯というのは、欧州の国家間の話です。もし、欧州の首脳の大半が、（キリスト教の伝統に基づく愛国主義を打ち出し、厳しい移民政策で知られる）ハンガリーのオルバーン首相や（移民から国境と国民を守ると訴えているイタリアの右派政党「同盟」のリーダーである）マッテオ・サルヴィーニ氏のように欧州のアイデンティティに関心がある人物になれば、EUは変わるでしょうが。

――欧州に来ている大半のイスラム教徒は過激なイスラム思想を持っておらず、欧州の文化、社会を尊重しようとしていませんか。

主義の話ではありません。あくまでそれぞれの人間が持つアイデンティティに従って、それぞれの人間の場所で暮らすようにするべきだということです。イスラム移民の流入によって欧州のイスラム化が進むことは、私たちにとって、侵攻であり深刻な脅威です。私たちは（8世紀にイスラム帝国のウマイヤ朝の欧州進出を阻んだ）シャルル・マルテルの後継者です。ただ、欧州の伝統を守りたいのです。アルプス山脈での移民取り締まりなどは、そのための反イスラム化の活動に位置づけています。

ですから、進歩主義のマクロン大統領や移民、イスラム過激派は受け入れられません。「私たち」とは、ギリシャ人やキリスト教徒、欧州にルーツを持つ人々のことです。（古代ギリシャの哲学者である）アリストテレスや（中世ヨーロッパを代表する神学者の）トマス・アクィナスの系譜です。

――過激な活動の狙いは何ですか？

　他の右派の活動は、私たちからすると不十分です。彼らは多くの議論をしていますが、何も生み出していませんから。行動によって得られるものは明白です。ＧＩのアルプス山脈でのパトロール活動の結果、（ジェラール・）コロン内務相は警察部隊を強化することを決めました。私たちの活動が、それまでほとんど知られてなかったアルプス山脈の不法移民の通過ルートに光を当てたからです。その後、アルプスの国境付近で不法移民の姿を見ることはありません。まさに行動主義の成功例です。この行動主義を重視するために、若者にメンバーを限っているのです。イスラム教の反対運動のため、時としてモスクの屋根に登ることもありますが、60代の人はできないでしょう。

――地中海で移民の救出などをしている国際ＮＧＯ「ＳＯＳ地中海」への妨害活動は多くの批判が出ました。

　ＳＯＳ地中海のようなＮＧＯは、移民の不法入国を手助けする役割を果たしていると私たちは考えています。（地中海に面した北アフリカの）リビア沖に船を停泊させ、欧州を目指す人々に「自分たちはこの船に助けてもらえる、入国を後押ししてもらえる」と思わせています。SOS地中海は移民の現状もゆがめて伝えています。若くて単身のたくさんの男性が欧州に着いているのに、女性、子どもの死に着目させようとしています。移民を助ける密航あっせん業者とも関係があると私たちは見ています。GIは「移民の侵攻」と同様に、テロリストネットワークに連なる人身売買や麻薬も非難しています。SOS地中海を妨害する活動をした政治団体は、おそらく私たちが初めてでしょう。その後、SOS地中海への寄付金はかなり減ったようで、成功だったと言えるでしょう。

——非合法的な活動まですべきでしょうか。それを理由にGIを敬遠する人も多いのではないですか。

非合法的な活動の目的は、社会に衝撃を与えることです。GIの活動をメディアが報道し、GIの主張が議論の俎上《そじょう》に載れば、注目が集まりますから。過激な活動の一部は訴追を受けていますが、非難は勲章のようなものだと捉えています。フランスの司法は売国奴の手の中にあり、主義が違うという理由で、GIを抑圧しているのです。

――１９６０年代生まれのベビーブーマー世代のリベラル、左派を敵視する最大の理由は何ですか？

私たちフランス国民は世代を超えてつながっているべきですが、（五月革命を主導した）１９６８年世代はそのチェーンを断ち切りました。今のフランスが置かれている状況に対して、とても重い責任を持っていると考えています。財政状況は悪く、教育は崩壊していると言っていい水準です。「移民の侵攻」は進み、白人差別が広がっています。ＧＩは白人至上主義者ではありませんが、白人差別の広がりを懸念しています。小学校で白人差別を受けたことを理由に、ＧＩの活動に参加する人も多いです。今や、クラスで白人は少数派で、「むしろ最下層と言ってもいい位置づけだった」というメンバーもいます。こうした若者たちに居場所を提供するというのも、ＧＩの重要な役割です。私自身も生徒の約半数を移民が占めるパリ郊外の高校に通い、白人差別を経験しました。

――当局が警戒している、ルペン氏率いる「国民連合（ＲＮ）」との関係を教えてください。

お互い補完する関係にあります。活動家の領域はＧＩで、選挙の領域はＲＮです。ただ、ＧＩは選挙に関わっていません。地方選挙や国政選挙での議論より、国際的なビジョンを持っているからです。GIの活動は生活のようなものです。一方、政党は選挙期間だけ精力的に活動し、若者をポスター貼りの要員として使うことも往々にしてあります。政党に縛られず、こうした動きと距離を置きたいということも（選挙に関わらない）理由です。

私は一時、GIの活動を離れ、FN（国民戦線、RNの前身）に属し、デジタル分野の広報に携わっていたことがあります。マリオン・マレシャル氏（ルペン氏の姪）の考えに賛同し、力になりたいと思ったからです。ただ、マレシャル氏がFNを離党したのを機に私もGIに戻りました。FNでは与えられた役割を忠実に行うことが求められました。私は、こうした仕事にも、選挙に出ることにも特段の興味を持てませんでした。GIの活動による政治的な効果の方が、FNで政治家になるより100倍大きいと感じました。

——GIへの政府の圧力は強まり、解散させようとする動きも強まっています。

当局による取り締まりによって、ネット上で長期間、寄付金を集められなかったのは極めて大きな打撃でした。ですが、政府がGIに解散を命じられる根拠は何もありません。極左もGIと同じような過激な活動をしていますが、訴追されたことも、解散を問われたこともありません。

――ＧＩの目指しているものは何ですか？

欧州の伝統を取り戻すことです。そのために、欧州市民ではない移民を祖国に帰し、「移民の侵攻」に対する政治的な回答を実現させなければなりません。二重国籍を持つジハーディストのフランス国籍の剥奪、モスクの建設禁止、前科のある外国人の国外追放などできることはたくさんあります。逆に言えば、ジハーディストでなく、前科もなく、欧州の社会福祉に依存していない外国人はとどまることができるようにするということです。こうした政策を実現させるためには、政治改革が必要です。未来の政治指導者を育成し、訓練した若者を野に放ち、政党に参加させていきます。私たちは右派の中で不可欠な政治団体になりたいのです。ＧＩが強くなればなるほど、右派の政治運動に与える影響が強くなり、私たちの思いが実現に近づきますから。

マルタン氏の主張の根本にあるのは、自分たち、すなわちフランス人、白人、若者は被害者であるという概念だ。イスラム移民によって、自分たちを形作るフランスの文化、社会が壊され、自分たちが受けられるべき社会福祉が受けられない。にもかかわらず、移民に寛容なベビーブーマー世代……。こうした現状を変えるために必要なのは政治であるとし、ＲＮとの関係も隠すことなく認めた。政治との関係も、過激な活動も否定せず、堂々とその理由を説明する姿に、私は新しい右派の態度のようなものを感じた。そして、こうした姿勢や主張が、一部の若者に自然体で受け入れられるのもどこか分かる気がした。一般的には忌避されやすい政治的な議論や、過激な言動をなるべく日常に落とし込み、若者の心に近づけていく。マルタン氏のインタビューから改めて感じたのは、若者の抱える不安の強さと、それによって形作られていったＧＩの組織としての完成度の高さだ。

国を越えて広がるＧＩ思想

欧州の極右運動に詳しい仏国際関係戦略研究所のジャン＝イヴ・カミュ氏によると、ＧＩの幹部だったメンバーが国民連合に加わる動きはすでにあるという。カミュ氏は「多文化社会が生んだ欧州とイスラムの間の衝突がＧＩの背景にある。国民連合では満足できない若者に、国民連合が送れないような過激なメッセージを送り、勧誘している」と指摘する。カミュ氏がＧＩの特徴の一つに挙げるのが愛国的運動でありながら、国を越えた広がりを持っていることだ。「主張の対象を自国に限っている旧来の右派団体と異なり、『欧州文化を守る』というＧＩの訴えは国家を越えて共有されやすい。今や欧州だけではなく、米国やカナダにも広まっている」との見方を示す。

もう一つ、ＧＩのメッセージが若者に刺さる背景にあるのは、今の欧州社会への若者の不満、不安だ。

欧州では世代間の就業率の差が著しい。ひとたび正社員として雇用されれば、労働者に手厚い欧州特有の雇用制度によってクビにされることは珍しい。一方、先進国の低成長化、リーマン・ショック後の長引く不況で欧州の多くの若者は職にあぶれ、特に南欧では20～30代の若者の失業率が突出して高い。

国の境界を越えた右派運動であるにもかかわらず、あくまで世代間の相克を強調する「ＧＩ（ジェネレーション・アイデンティティ）」の思想の背景には、こうした若者世代《ヤング・ジェネレーション》の経済的な苦境がある。自らは正社員として雇用され、雇用制度によって守られてきたベビーブーマー世代と不安定な若者世代、という対立構図だ。ＧＩが、自らが行っているホームレスに衣服を提供する活動を「移民を助ける政府によって、見捨てられた欧州市民を救う連帯ツアー」と称していることは先に述べたが、彼らの目には「若者」たちもまた、政府あるいはベビーブーマー世代のリベラル派によって「見捨てられた」人々として映っているということなのかもしれない。その認識の正否はともかく、少なくとも彼らの見ている世界にとってはそうなのだ。

次章以降で詳述するように、こうした状況下で大量に欧州に押し寄せた中東、アフリカからの移民は、苛烈な労働市場に安価な賃金で参入する「敵対的な競争相手」としても認識されている。例えば、コランタンさんはフランスに来た移民の多くが「経済目的であることは明らかだ」と語っていた。また、マルタン氏は移民が「欧州の社会福祉に依存して」いるとも述べていた。彼らにとって移民は、雇用や福祉という限られたパイを若者たちから奪っていく存在でもあるのだろう。実際にそうなのかは、慎重な検証が必要とされることだが、「移民が自国民の仕事を奪っている」と主張するのは今や右派の常套句の一つともなっている。これは裏返せば、それだけ彼らの経済不安が大きいということでもある。

そして、リーマン・ショック後の長期不況に続いた、凄惨なテロ。それでも「連帯」を訴え、移民を受け入れようとしたリベラル派や欧州各国政府、EU。自分たち若者世代は「見捨てられ」ている——。こうした被害者意識が、ますます彼らをGIのような過激な行動主義に引き寄せていったのだろう。確かに、GIのような過激な行動はまだごく一部にすぎない。しかし、苦境にある若者たちの「リベラル離れ」というべき空気は、すでに欧州各地にかなり広がっている。ここからはそうした欧州の状況を、さらに詳しく伝えていきたい。

第２章

移民とグローバリゼーション

広がる経済不安

1：チェコで日系人政治家が支持される理由

欧州で差別、日本で疎外感

シリアなどを逃れた難民らを乗せたボートとそれに近づく密航業者の男（左）。ギリシャ・レスボス島。2015年9月13日

ＧＩの主張の一つの柱になっている「反リベラル」と「反移民」は親和性が高い。移民・難民が近年、欧州で重要なテーマとなる中、反リベラル勢力は反対の論調を強めている。

これには、大きなきっかけになった出来事がある。２０１５年の難民危機だ。内戦が激化したシリアなどの中東やアフリカから１００万人以上の難民が欧州に押し寄せた。難民認定を求める人々が長い列をつくり、欧州の田舎町や線路を歩く映像は多くの人に衝撃を与えた。各国はもちろん、ＥＵでも激しい論争になった。

移民・難民の議論は政治、経済、社会、文化など多岐にわたるが、突き詰めるとシンプルだ。受け入れに賛成か反対か――。そして、反リベラル派は基本的に反対の立場をとる。

この論争で極端に反移民路線をとり、中欧のチェコで支持を集めている日本生まれの日系人の政治家がいると聞き、私は非常に興味をかき立てられた。なぜ、移民である日系人が？　どういう経緯で反移民を訴えることになったのか？　チェコ市民はどう受け止めているのか？　疑問は次から次にわいてきた。

秘書に連絡を取ると、意外にもすぐに返事があり、インタビューを快諾してくれた。取材の場として指定されたのは、美しい古都として知られるチェコの首都プラハのオフィス。学生時代に訪れて以来、約20年ぶりのプラハだ。取材への期待と相まって胸が高鳴った。

オフィスは、プラハ中心部の国会近くにあった。同じような建物が並び、石畳の坂道を迷いながらたどり着くと、中から地元テレビ局のカメラマンや記者が出てきた。取材を終えた後らしい。受付を済ませ、案内された部屋は20畳はあろうかという執務室だった。

ほほえみながら手を差し出してきたのがインタビュー相手のトミオ・オカムラ氏だ。「ようこそ、いらっしゃいました」。日本語でそう話しかけられ、ぎゅっと力強く手を握られた。

記憶にある手の握り方だった。私が日本でかつて官邸や与党を取材していた時、国会議員と握手した際に感じた力強さだ。ある国会議員は「握手は、有権者と触れられる貴重な機会。力強く、でも優しく握ることでいい印象を与えることができる」とその理由を教えてくれた。オ

トミオ・オカムラ氏。チェコ・プラハの議会事務所にて。
2019年5月2日

カムラ氏の握手の力の強さから、チェコでたくさんの人と会い、手を握り、支持を訴えてきた姿が浮かんだ。

インタビューに与えられた時間は1時間。早速、始めることにした。取材に関する事前のやりとりは英語だったが日本語で迎えられたため、「英語、日本語どちらがいいでしょうか?」と訊くと、「日本語でいいですよ」と返ってきた。

オカムラ氏は日本人と韓国人の間に生まれた父とチェコ人の母のもと、1972年に東京・高島平で生まれた。名前の漢字表記は岡村富夫。生後数年でチェコにわたった。インタビューはその時の話から始めることにした。


5歳まで日本に暮らした後、チェコ人の母と初めてチェコに行きました。そこで待っていたのは人種差別でした。特に母が病気で入院し、弟と養護施設に入っていた1年間は、「外国人」と言われ、ひどいいじめに遭いました。その時のことがトラウマになり、20代前半まで吃音に悩まされました。

移民受け入れ反対を訴えるオカムラ氏が若い頃、日系移民として差別を受けていたというのは驚きだった。しかし、そうなると、なぜ差別する側に回ることになったのか、いっそう疑問がわく。そのことを早く聞きたい衝動に駆られたが、まずはオカムラ氏の生い立ちを把握する必要がある。

チェコで差別を受けたオカムラ氏が、その後の人生を送る場として選んだのは日本だった。なぜ、日本だったのか。

日本は自由で豊かだと思ったからです。日本で生きていこうと、一人で戻りました。親戚のつてでゴミ回収の仕事をしたり、日比谷の東京宝塚劇場の売店でポップコーンを売ったりしていました。狛江市で家賃5万4000円のアパートを借り、段ボールを机にして、月7万円の貯金を目標にしました。日本人よりお金持ちになろうなんて気は全くなく、ただ、日本人と同じようになりたかったのです。

だが、その夢は数年で潰えてしまう。日本でもチェコで受けたように、特別扱いをされたオカムラ氏は、アイデンティティの問題に悩まされた。そして再び人生の大きな選択をする。

当時の日本では外国人がまだ珍しく、外国人の顔をしている私は悲しい思いをしました。混んでいる地下鉄で私の隣に誰も座らなかったり、領収書にわざと難しい漢字を書くよう求めてきて書けないと笑われたり。商売を始めようと、チェコから取り寄せたガラス細工を持って店に売り歩きましたが、まず、「日本語、お上手ですね」と言われることが多かったです。次第に日本でビジネスをするのは難しいと思うようになり、チェコに戻ることにしました。

出自という自分ではどうしようもないことを理由にチェコでも日本でも異端視され、思い悩んでいた若者の姿を想像すると胸が締め付けられる。だが、戻ったチェコでようやく、自ら居場所をつくり、自信を持って歩み出す。

当時、チェコは共産主義体制が崩壊し、日本から多くの観光客が来るようになっていました。チェコで日本語を話せるガイドはほとんどいなく、チャンスだと思い、観光の仕事を始めました。これが当たり、自分で旅行会社をつくりました。

政治の道はこの延長線上にあった。

チェコの旅行業界の団体の理事になり、広報担当を務めることになりました。テレビや雑誌の取材に答える際、時には観光に関係ない政治について話すこともありました。父母はともに政治に関心があり、私にとって政治は身近な存在で、日々思っていることを話したのです。だんだん、テレビの人気番組にコメンテーターとして呼ばれるようになり、政治や社会問題について意見を求められる機会が増えました。日系人だということもウケたのでしょう。政治家にならないかという誘いが多くくるようになり、２０１２年、上院議員選に無所属で立候補しました。

だが、欧州の国政選挙で外様である日系人が勝つのは容易ではない。伝統を重んじるチェコではなおさらだ。オカムラ氏はどう選挙戦を展開し、何を訴えたのか。

直接民主主義を実現するための国民投票制度、国民が政治家をやめさせることができるリコール制度、汚職規制の厳格化などです。チェコの政治はエリートだけで決めていて、普通の人々が置き去りにされていると感じていたためです。小さな村の集会にも多くの人が来てくれました。日本人はしっかりしている、日本は経済が強いなどのイメージもプラスになったと思います。

政治改革をまじめな日系人が訴えているというイメージが、チェコの有権者に刺さったのだろう。オカムラ氏が、すでにこの頃から「エリート政治vs.庶民」という構図をつくっていたことはとても興味深い。この構図はその後、欧州の多くの国の反リベラル現象でしきりに反復されることになるものだ。時代を先取りしていたとも言える政治家オカムラ氏の勢いは、その後さらに加速する。

選挙で訴えた政策を迅速に実現するため、２０１３年には大統領選に挑戦しようとしましたが、裁判所に立候補に必要な署名の一部を無効とされてしまいました。大統領選の世論調査で私が上位に入った頃から、風向きが急に変わりました。何らかの圧力で無効にされたと思っています。

次に考えたのは政党の立ち上げです。無所属の上院議員一人では何もできないことが分かったためです。任期が切れる時に「オカムラはただ、議会の席に座っていただけだった。何も変わらなかった」と言われたくなかった。そうなると、やっぱり既存の政党の方が正しかったと思われてしまう。政策を実現させるための仲間が必要でした。急造ゆえ、最初に集まった人たちの中には「質の悪い人」もいましたが、初めて迎えた国政選挙（下院選）で６・８％の票を得ました。その後、政党づくりのノウハウを得て、２０１５年に新たに政党「自由と直接民主主義」を設立し、２０１７年の選挙で10・６％の票（２００議席中

22議席）を得て（下院の）第三党になりました。

伝統的な欧州の国で日系人がゼロからつくった国政政党が第三党になる。にわかに信じがたいことだが、現実に起こったことだ。その要因こそ、今回のインタビューで最も突きとめたかった部分である。オカムラ氏の政党は反イスラム移民を激しく訴えることで、国内外で広く知られるようになった。なぜ、反イスラム移民を訴え始めたのか、単刀直入に訊いた。

反イスラム移民は政界に入る前から主張していました。直接のきっかけは何かの本からだったと思いますが、自分自身、世界のいろいろな国を訪れる中で特にイスラム教徒は、キリスト教国家とは相いれないと強く感じていました。ただ、反イスラムはいろいろある主張のごく一部で、最も訴えたいことではありません。メディアがそこを強調して取り上げるから、そう見えるだけです。

イスラム教vs.キリスト教。すなわち、米国の国際政治学者であるサミュエル・ハンチントン氏がかつて訴えたような「文明の衝突」が起きるため、中東のイスラム教徒は、キリスト教徒が多い欧州には来るべきではないという論理なのだろう。しかし、イスラム教の何を問題視しているのか。異教徒を排除するというだけなら、オカムラ氏の自己否定にもつながりかねない。

イスラム教の問題は大きく二つあります。一つは男性優位の傾向が強いこと。もう一つは、イスラム教徒は信者でない人より優れているという考えがあることです。男女は平等であるべきですし、どの宗教も等しく尊重されるべきです。イスラム教徒が自分の国でそうするのは構いませんが、そうではない国ではその国のルールに従うべきです。イスラム教の国に行って外でビールを飲んだり、女性がTシャツを着たりすることは許されないでしょう。

この主張の一部は合っているが、全体としてはミスリードだ。オカムラ氏の言う像に当てはまるのは、あくまで厳格なイスラム教徒だけで、多くは違う。ましてや欧州に来るような人々は、欧州の生活に合わせようとしている人が大半だろう。欧州で、イスラム教徒が欧州市民にイスラム教のルールを強要したという話は聞いたことがない。やや誇張があるのではと訊いた。

イスラム教徒をすべて排除しようとしているわけではありません。こちらのルールに従ってくれる人は歓迎です。でも、現実には彼らは集まって暮らし、チェコ人が立ち入れないような特殊な地域をつくっています。私は毎日まじめに働いている普通のチェコ人の暮らしを第一に考えたいだけです。移民として働きたいなら、チェコ人がいない職場に限定すべきです。企業はチェコ人が働ける職場で、安い賃金で移民を雇おうとしますから。

「毎日まじめに働いている普通のチェコ人の暮らしを第一に考えたいだけです」。オカムラ氏の話を聞きながら私は取材メモのこの部分に☆印をつけた。この考えは、多くの欧州の人の心を揺さぶるものだからだ。経済のグローバル化が進み、仕事は賃金の低い国外に奪われ、さらに国内に来る移民に奪われる。経済成長は鈍化する一方、税や社会保障の負担は増していく。それなのに政治家は、自分たちのことは考えてくれず、移民をどう助け、どう受け入れていくかという議論をしている――。そういう不満、不安を抱える人にとっては、オカムラ氏の言葉は砂漠のオアシスのように映るだろう。

ただ、だからといって、反イスラムを過激に訴えることが正当化されるだろうか。そもそもそんな必要性があるのだろうか。私はオカムラ氏の生い立ちを踏まえ、こう聞いてみた。

「チェコでも日本でも人種を理由につらい経験をされています。知名度のあるオカムラさんが反イスラムを過激に訴えることで差別を助長し、同じような思いをする人が出てくるとは思われませんか？」

オカムラ氏はこう反論した。

私の経験から、人種差別には絶対に反対ですし、私がしているのは人種差別ではありません。イスラム教を否定していませんし、イスラム教の方がチェコに来るのも反対していません。ただ、チェコに住むのなら男女間、宗教間の差別を禁じるこの国の憲法、ルールを守って欲しいというだけです。私たちの家であるチェコでは、私たちにとって差別的な教えを許すことはできません。

オカムラ氏があくまで強調するのは、チェコではチェコのルールに従って欲しいということのようだ。言ってみれば当たり前のことで、この主張自体には問題はない。

だが、反イスラム、反移民の文脈でこうした訴えをすると、印象は大きく変わってしまう。「イスラム教徒、ルールが違う国の移民は、この国に来るべきではない」という主張に容易に転化してしまうためだ。反移民派と移民擁護派の議論がかみ合わない理由の一つがここにある。反移民派は、自分たちは当たり前のことを主張しているだけと訴え、移民擁護派はその主張が社会の雰囲気に影響するため、その主張自体を批判する。こういう構造になることが分かって、むしろそれを作り出すために、反移民の論を展開している勢力もあるだろう。

オカムラ氏のSNSには、頻繁に欧州ではよく知られた右派政党のリーダーが登場する。イタリアの同盟のサルヴィーニ氏や、フランスの国民連合のルペン氏だ。

そのことを話題にすると、iPhoneを取りだし、先週撮ったという写真を見せてくれた。そこには、プラハのレストランで革ジャン姿のサルヴィーニ氏と楽しそうに食事をしている様子のオカムラ氏の姿が写っていた。当時、サルヴィーニ氏はイタリアの副首相兼内相。「恋人とプライベートで来たんだよ」とうれしそうに教えてくれた。オカムラ氏はルペン氏と一緒に自撮りした写真も見せてくれた。しかも、二人のことを話す時は「マッテオ（サルヴィーニ氏）」「マリーヌ（ルペン氏）」とファーストネームだ。彼らをここまで結びつける強い共通項は何なのかを訊いてみた。

自分たちの国の自由と独立を求めているということです。ただ、独立と言っても、各国の協力関係を壊したいわけではありません。欧州の人々が移動したり、ビジネスをしたりする自由は維持したいと考えています。ただ、それを決めるのはあくまで各国で、ブリュッセルにいるEU官僚ではありません。EUは権限を持ちすぎました。少し前の形に戻してEUのトップダウンではなく、各国からのボトムアップの方式に抜本的に変えるべきです。

近年、イタリアのサルヴィーニ氏の同盟やフランスのルペン氏の国民連合など反EU／反移民を掲げる政党は欧州各地で存在感を高めている。なぜ、人々に支持が広がっているのか。オカムラ氏の考えを訊いてみた。

欧州のこれまでのエリート主導の政治と、一般の人の考えが離れてきているということだと思います。近年、移民と関連があるテロ事件が相次いで起こったのに、ＥＵの首脳が「今の移民政策は正しい」と大きく変えようとしなかったことがいい例です。私は毎週末、地方に行って、人々から直接話を聞くようにしています。もちろん、私への不満を言われることもあります。でも、マリーヌもマッテオも同じことをしています。一方、既存のエリート政治家は選挙前だけ、ステージの上から話すというやり方です。私のことをポピュリストと批判する人が多いですが、（語源である）「ポプルス（民）」の声を聞いているという意味で、私はポピュリストなのです。

ここで、約束していたインタビューの終了時間が来た。オカムラ氏は出迎えてきてくれた時と同様、力強く手を握り笑顔で見送ってくれた。

オカムラ氏の主張を聞きながら気になったのは、実際のところチェコの人々は彼のどこに惹かれ、支持しているのかということだった。特に激しい移民批判をどう捉えているのか。反移民の考えを持つ人は、オカムラ氏の出自をどう考えているのか。私は何人かの支持者に直接、話を聞いてみることにした。

「オカムラはチェコ人だ」

補助教員をしているイザベラ・サモコヴァさん（40）は、かつて移民に寛容なEUを支持する一人だったという。それを変えたのはオカムラ氏だ。「イスラム教徒に関して反対することは何もない。しかし、無垢な人々を虐殺する人たちのことは問題にせざるを得ない。移民に関しても反対することは何もない。しかし、彼らは全員、母国からあふれ出てきた人たちだ。私は母国であるチェコが好きで、誇りを持っているから、そのチェコから逃げ出さなければいけない状況を想像できない」と話した。

ＥＵは、重要な価値観である加盟国の「連帯」を移民・難民の分野にも広げ、各国で受け入れの負担を分かち合うよう求めている。サモコヴァさんからすると、これは「ＥＵによる支配」の悪例の最たるもので、「ＥＵが支配できないよう、チェコはＥＵから出るべきだ」と訴える。

では、オカムラ氏自身も移民だったことをどう考えているのか。「なぜ、オカムラが日本人かどうか気にする必要があるのか。バビシュ首相（当時）だって（ルーツは）チェコ人ではない。肌の色がピンクだって、白だって、黒だって関係ない」と力を込める。オカムラ氏は「いい移民」であるということなのだろうか？　実は、移民に反対する欧州の多くの人々に共通するのは「人種差別には反対」という点を強調することだ。そういう点でも非白人で移民のルーツがあるオカムラ氏を支持することは、彼らの正義にかなっている。

建設会社に勤めるファンダ・ベタクさん（37）も「オカムラの心は我々とともにあり、ほとんどチェコ人だ」と話し、こう続けた。「オカムラはポピュリストかもしれない。だが、大事なのは彼の行動、言葉だ。我々が彼の行動、言葉から恩恵を受けているとしたら、いいことじゃないか」

オカムラ氏の熱狂的なファンとも言える支持者も少なくなかった。

年金生活をするハナ・ボホモヴァさん（71）は「トミオは私たちのものだ。彼は子どもの頃からチェコにいる。チェコで育ち、全く正確にチェコ人の思考回路を持っている。彼を支持するのは、彼の考えが好きで共感できるから。彼が間違っているとは思わない」と語る。

ベビーフードをつくる企業に勤めるベトカ・シタヴァンクさんは日本への思いも重ねる。「トミオの人生は大変なものだった。彼は両親がチェコ人の政治家より、もっとチェコの国益を守ってくれている。それに、私は日本人に好感を持ち、尊敬しているんです」

オカムラ氏は自分たちの思いを代弁し、移民から自分たちの暮らしを守ろうとしてくれている。支持者から感じるのは、こうした強い絆と期待だ。とりわけ厳しい国際競争にさらされている機械製造業に従事し、工場で日々働くビル・オンドレさん（26）の言葉は象徴的だった。

オカムラを支持する理由は、彼が愛国者として振る舞う唯一の人だからだ。厳密に言えばチェコ人ではないが、合理的な考えを持ち、チェコのためにこの世界をよくしようとしている彼は、１００％チェコ人だといえる。私たちの文化を壊す移民は受け入れられない。イスラム教は世界の他の宗教と共存できない。イスラム教を崇拝しないすべての人は、殺害される恐れすらある。彼らは宗教のために死ぬこともできる。オカムラが言うように、自分たちの主権、宗教を守らなければならない。子孫が死ぬような状況を遺してはいけない。国民や法律は外国人に屈してはならない。オカムラは我々を裏切るようなことはしない。自分にとってはヒーローだ。

２：「寛容の国」オランダで広がる反移民

オランダのトランプ、ヘルト・ウィルダース

チェコのオカムラ氏以上に移民排斥の訴えで、欧州に衝撃を与えているのがオランダのヘルト・ウィルダース氏だ。右翼政党「自由党」の党首として、勢力を急速に拡大してきた。ウィルダース氏の主張は、「寛容の国」オランダのイメージと真っ向から対立するものだ。ウィルダース氏に是非直接話を聞きたい、そんな思いが現実になったのは、英国がＥＵを離脱する直前の２０２０年１月だった。

オランダは欧州の中でも、とりわけリベラルな国として知られる。狭い国土ゆえ、古くから貿易立国として栄えた。中心都市アムステルダムの街を歩けば、アフリカ、中東、中国、東南アジアなど多様なルーツを持つ人々がともに暮らしている様子がよく分かる。新しくつくられた建物のデザインは洗練され、ベンチャー企業も多い。ホテル予約で世界的に有名な「BOOKING.COM」もオランダ発祥だ。環境問題への意識も高く、自転車を使う人の多さでもよく知られている。

これだけ聞くと、オランダ国民は移民に理解があり、うまく共生していると思うだろう。実際、私もそうだった。そうしたイメージを大きく変えさせた人物がウィルダース氏だ。

ウィルダース氏は1963年、ドイツ国境に近いオランダ南東部フェンローで、4人兄弟の末っ子として生まれた。母親はオランダの旧植民地インドネシア出身だ。

政界に入ったのは1990年。オランダの主要政党である中道右派・自由民主国民党の政策スタッフになった。同党のボルケスタイン党首（当時）は、初めてイスラム系の移民の受け入れについて懸念を表明した政治家とされ、ウィルダース氏はその影響を受けたと見られる。

ウィルダース氏は1997年、オランダ・ユトレヒトの市議になると、1998年に下院議員に当選。2004年、トルコのEU加盟交渉を支持する自由民主国民党の方針に反対して離党し、2006年に自ら自由党を設立した。自由党は、わずかな時間で支持を拡大。その4年後の2010年の下院総選挙で第三党に躍進した。自由党は構造が特殊で、正式な党員はウィルダース氏一人だけだ。自由党員を名乗る議員は国政にも地方にもいるが、正式な党本部や組織もなく、文字どおり「ウィルダース党」といえる。

取材場所に指定されたのは、オランダのハーグにあるオランダ国会。荘厳で歴史を感じさせる国会議事堂は観光名所としても知られるが、中に入るとモダンなつくりに驚かされる。歴史と現代を融合するのに長けたオランダのセンスを感じさせる建物だ。

受付で案内された部屋で待っていると、メディアで有名なライオンヘアの姿そのままのウィルダース氏が笑みを浮かべながら入ってきた。想像していたより身長が高い。濃紺のスーツがよく似合い、華やかな印象さえする。政務で忙しいのだろう。インタビューに与えられた時間は30分しかなく、早速始めることにした。

反移民、反イスラムの原点

私が本人に最も聞きたかったのは、やはり、なぜ反移民、反イスラムなのかという点だ。リベラル派からは「差別主義者」と批判されることも少なくない。まずは単刀直入にそのことを訊いてみた。

私は差別主義者ではありません。人種を問題にしたことも、イスラム教を信仰している人自体を問題にしたこともありません。私がオランダにいるイスラム教徒にいつも言っているのは「他の誰とも同じように歓迎し、教育、住居なども支援します。ただ、民主主義とシャリア（イスラムの法制度）の間には譲れない一線がある。シャリアに従い女性を傷つけたり、同性愛者を罰したりしようとすれば、ここにあなたたちの場所はない」ということです。もちろん、オランダにいる多くのイスラム教徒は穏健で家族を世話し、仕事をするため、全く問題ない生活を送っています。イスラム教徒の多数はとても善良であると思っています。問題なのは人ではなく、我々の価値観に反するイスラム教の観念なのです。

問題はイスラム教徒の移民ではなく、オランダのルールと対立するイスラムの教えだ、という論理だ。「イスラム教徒の多数はとても善良である」という言葉にも、彼が数多くの批判にさらされながら、反イスラムの主張を続けてきた跡が見られる。男女の権利や同性愛の部分はまるで典型的なリベラルの主張だ。

しかし、普通にオランダに暮らしながら、なぜ反イスラムの主張に行き着いたのか。政界入りした際に仕えた自由民主国民党のボルケスタイン党首の影響なのか。きっかけを訊くと、話は10代にさかのぼった。

17〜19歳の時、私は徴兵でオランダ軍に入り、イスラエルに派遣されました。政治に目覚めていたわけではなく、イスラエル人の女性を追いかけるような、ただの10代の若者でしたが、そこでイスラム教に関するいくつかの経験をし、何が自由で、何が自由じゃないかということが分かりました。エジプトのシャルム・エル・シェイクを旅した時のことです。お金がなく、ビーチで寝ていたのですが、人々が急におびえながら家にこもり始めたのです。何が起きたのか訊くと、「ムバラク大統領の訪問がある」と。自国のリーダーを恐れる人々の姿を見て、自由主義と全体主義の違いを目の当たりにした気がしました。

兵士として見聞きしたイスラム社会に強いショックを受けたという。

イラン、イラク、アフガニスタン、シリアにも行きました。たいていの国の人々はとても友好的でしたが、共通していたのは彼らがイスラムのルールや観念に縛られ、不自由だということでした。独立した議会、民主主義、自由な選挙がなく、自由に記事を書けるジャーナリストもいない。これは今も変わりありません。私が話していることはテロリズムについてではなく、自由についてです。私に子どもはいませんが、母国の子どもたちには自由でいて欲しいのです。イスラム教を他の宗教と同様に扱い、イスラム教徒が多数の国になれば、我々は今の生活を失うことになるでしょう。

イスラム教への強い違和感と危機感。それが、ウィルダース氏が政治家を志す動機になったように思えるが、初めからではなかったらしい。

政治家として当初は主に国内問題を訴えていました。しかし、反イスラムの問題を主張し始めたところ、殺人の脅迫や私のことを問題視するファトワ（イスラム教の宗教令）を受けるようになりました。これが、反イスラムを強く訴えていくきっかけになりました。暴力を用いた脅しに屈せず、イスラムの全体主義からの自由、表現の自由のために闘いたいと思ったのです。そこで自分で党をつくることにし、「自由」という言葉を党名に使ったのです。今では毎日、警察官が警護する車に乗って通勤していますが、それも自由を得るためだと考えています。

オランダとイスラム問題の黒い歴史

反イスラム政治家としての出発点はイスラム側からの強い反発だった、というウィルダース氏の話を聞いて思い出したのは、オランダでのイスラム問題の血塗られた歴史だ。

2002年5月、極右の新党「ピム・フォルタイン党」のピム・フォルタイン党首が、総選挙のキャンペーン中に銃で撃たれて殺される事件が起きる。フォルタイン氏はイスラム教を「遅れた文化」などと称し、たびたびイスラム蔑視の発言をしていた。容疑者は動物愛護団体の活動家である32歳のオランダ人の男だったが、反イスラムを過激に訴えた政治家の暗殺は欧州に衝撃を走らせた。

その2年後の２００４年11月にも暗殺事件が起きる。19世紀の画家ゴッホの遠縁にあたる映画監督テオ・ファン・ゴッホ氏が、自転車で職場に向かっていたところを銃撃され、さらにナイフで刺されて殺される。殺害したのは、モロッコ系移民の26歳の若者だ。ゴッホ氏は自作の映画「服従」の中で、イスラム教を女性の人権を侵害する宗教として描いた。遺体には、映画の脚本を書いたソマリア系移民の女性国会議員に対する脅迫状が貼ってあったという。

いずれの事件もウィルダース氏が市議として政治家のキャリアを歩み始めてまもない時のことだ。そういう時代に反イスラムを主張するのは文字どおり命がけだったのだろう。ただ、強い反発があったからこそ、自分の信念をより強固にし、市民の支持も強固にしたという側面もあるだろう。

前述した通り、ウィルダース氏が２００６年に自由党を創設すると、イスラム批判をさらにヒートアップさせた。「イスラム教はそもそも暴力的」「（イスラム教の経典）コーランは（ヒトラーの）『我が闘争』と同等」などと過激な主張を繰り返したが、２０１０年の総選挙で第三党に躍進すると、２０１７年の総選挙でも徹底した「反イスラム」の姿勢をとり、礼拝所のモスクの撤去や聖典コーランの発行禁止まで掲げ、第二党になった。事前の予想で第一党になる可能性も指摘されるほど支持を広げていた。

ちなみに、ウィルダース氏のこうしたイスラム蔑視の発言は、特定の宗教への憎悪をあおる罪、すなわち「ヘイトクライム」にあたる疑いがあるとしてたびたび、裁判で争われている。

2011年の裁判で、ウィルダース氏は「有罪ならオランダから言論の自由の火が消える」と「自由」を盾に真っ向から争う姿勢を示し、勝利した。アムステルダムの地方裁判所は「発言は不快で中傷的だが、政治的議論の一環で、憎悪をあおるものではない。公の論議として許容できる」として無罪を言い渡した。

2016年の裁判では、モロッコ系移民に対する差別的な発言が問われた。ウィルダース氏は2014年3月、地方選挙期間中の演説で、詰めかけた有権者らに「モロッコ人は多いのと少ないの、どちらがいい?」と質問した。「少ない方」と聴衆が応じると、「それに取り組もう」と答えたという。反イスラム的な発言だとして、抗議する市民らがウィルダース氏を告訴。検察当局は「政治家に表現の自由はあるが、人種差別禁止によって制限を受ける」として訴追した。

ウィルダース氏は「誰もが思っていることを言っただけ。検察はジハーディストの訴追に時間を使った方がいい」と反発したが、2016年12月、裁判所は差別や憎悪を煽動した罪にあたるとして刑罰なしの有罪判決を下した。

オランダ・ファースト

そんなウィルダース氏は今や、中南米からの移民に強硬な姿勢を示し、２０１７年に米国の大統領になったトランプ氏になぞらえ、「オランダのトランプ」とも呼ばれる。発信にツイッターを多用している点、一部の白人の中流層から熱烈な支持を受けている点も共通する。トランプ氏も、リベラル派から時に「差別主義者」と厳しい批判を受けている。

ウィルダース氏は、トランプ氏が大統領選に勝った際、ツイッターで「あなたの勝利は歴史的で、我々すべてのものだ！」と祝意のメッセージを送った。「オランダのトランプ」と呼ばれることをどう思っているのか。

そう呼ばれるのは名誉なことです。多くの部分で私は彼を尊敬し、すべてではありませんが、多くの主張に賛同しています。ヨーロッパとの貿易をめぐる制裁などに関する言動はオランダにとって好ましくなく、同意できません。でも、それも米国民の利益のための行動です。最も重要なことは、自国、自国民のために行動する政治家であるということです。彼は「アメリカ・ファースト（米国第一）」と言っていますが、オランダも日本もあらゆる国の大統領、首相は自国民の利益を一番に考えるべきだと信じています。移民に関してもそうです。そういうところが私は好きなのです。

トランプ氏への強いシンパシー。ただ、ウィルダース氏が言うように、例えば各国が貿易で「自国第一」ばかりを訴えれば、自由貿易は成立しない。そういう主張を続ける国は孤立に追い込まれていく。

もちろん、そうならないために、他国と協力することが必要です。共通の利益があれば、よい協力関係を築けるでしょう。孤立せずに、自国民のために戦うのです。

孤立せずに、オランダ・ファーストを貫く。一見、内向きな外交思考のようにも思えるが、よくよく考えると、どこの資本主義国でも取っている通商戦略だ。言葉を反対にすると分かりやすい。自国ができるだけ有利になるように、かつ、相手との妥協を探る。他国が自国より利するよう貿易交渉をする国のリーダーはいないだろう。

注意すべきは、こうしたウィルダース氏の言葉を安易に批判してしまうことだ。極右政治家の言うことだから、どうせ自国第一主義で国際協調に背を向けているのだろう、と。批判を受けた方は、全く分かり合えないと感じ、「レッテル貼り」との思いを強くすることになる。

話が外交に及んだので、ＥＵについても訊くことにした。ずばり、ＥＵの何が一番、問題だと思っているのか。

１９５０年代に欧州統合が経済協力のための組織として始まった時は、とてもよかったと思います。あらゆる人が統合の恩恵を受けられた。でも、この20～30年はどうでしょう。ＥＵは政治機関となり、加盟国から主権を奪い、加盟国は自国の予算、移民政策など主権国家に必要なあらゆることを管理できなくなりました。今日、我々を律する法律の多くは、（オランダの）ハーグではなく、（ＥＵ本部がある）ブリュッセルでつくられています。いわば、ＥＵは政治モンスターになったのです。

しかし、ウィルダース氏が先ほど言ったように、国と国との自由な貿易など、統合によるメリットもあるはずだ。

私たちは国境に壁をつくりたいわけではありません。他国との貿易や協力も進めたいと思っています。でも、それは自発的な動機によるもので、強いられるべきものではありません。私は自分たちのお金を南欧のゾンビ銀行や東欧の環境問題ではなく、自国の高齢者や医療、福祉のために使いたいのです。主権を取り戻したいのです。私の党である自由党は２０１０年から2年間、政権を閣外協力で支えました。その時、我々が政権の緊縮策（財政赤字を削減するために政府支出の切り詰めなどを行うこと）を支持する代わりに、政権は厳格な移民制度の導入をするという合意を結びました。政府はEUに出向き、移民政策の厳格化への支持を取り付けようとしましたが、できませんでした。この時明らかになったのは、（人権を重視する）社会民主主義国家が多数の欧州で移民政策を変えるには、EUを出るしかないということでした。

移民の受け入れを厳しく制限し、浮いた予算を自国民の福祉に使う。ウィルダース氏は国内のモスクの撤去や聖典コーランの発行禁止を掲げる一方、低所得者層や高齢者への福祉の充実を訴えてきた。

何よりのキーワードは「主権を取り戻す」だ。EUから離脱するかどうかを決める2016年6月の英国の国民投票で、離脱派が掲げた言葉が「主権を取り戻そう（Take Back Control）」だった。この間、英国のあちこちでこの言葉が聞かれた。国民投票は僅差で離脱となり、後に離脱時の首相となったボリス・ジョンソン氏も、ブリュッセルのEU本部に交渉に来ては、この言葉を多用した。

インタビューをしたのは、その英国のEU離脱の目前だった。英国の選択は正しかったと言えるのか。成功という結果に終わるのか。ウィルダース氏の考えを訊いてみた。

成功を願っています。EUの離脱直後は、英国にとって厳しく、傷を負う時期となるかもしれません。でも、最終的には自由に米国や日本と貿易協定を結んで経済を繁栄させ、主権を取り戻し、ＥＵにいた時よりも強い国になるでしょう。

しかし、この頃、ブリュッセル周辺で言われていたのは、欧州内に反ＥＵの政権は少なくないが、英国に続いて離脱する国は現れないだろうということだった。実際、英国の国民投票後、フランスの国民連合など、欧州の右派政党のＥＵ離脱の訴えはトーンダウンした。右派の中でも離脱に対する考えは変わってきているのではないか。

変節しているのはその通りです。政党のリーダーにはそれぞれの考えがあり、尊重したいと思います。離脱を訴えるという姿勢を変えていないのは我々だけかもしれません。しかし、これは数年後に変わります。離脱は大惨事にならないということが明らかになります。英国が強くなり、ＥＵは弱くなるのです。そして、英国に続く国が出てくるでしょう。

オランダでも離脱の機運が高まっていないことはどう分析しているのか。

それが、我々自由党がポピュリスト（大衆迎合主義者）ではない、何よりの証明です。オランダ人の多数は離脱を望んでいません。親ＥＵの政治家は離脱したら経済が崩壊して、失業者が増えると脅し、人々は恐れてきたからです。しかし、そんなことは起こるはずがありません。英国は多くのEU加盟国にとって主要な貿易相手国です。EUが離脱の罰として、英国にとってひどい通商関係を結んだとしたら、それは自分たちの足を自分で撃つようなものです。オランダだって同じです。EUとの貿易に適した我々の地理的位置はEUを離脱したとしても変わりません。EUは彼らの利益のために、離脱後も良好な経済関係を築こうとするはずです。

私が気になったのは、ウィルダース氏が、自分たちはポピュリストではなく、むしろ、ポピュリストは離脱反対派の方であるとほのめかしたことだ。多数派と意見が違っても、自分たちの主張は貫く。政界に入って以来、激しい反ウィルダース派と戦ってきたゆえに達した境地だろうか。

ただ、こうした姿勢には危うさも潜む。常に正しいのは自分たちで、反対する大衆は間違っているという考えに陥りがちだからだ。これはむしろ、彼らが対立してきたエリート主義の悪い特徴の一つと言われてきたものである。

インタビューの時間が残り少なくなっていた。最後に、政治家としての最終目標を訊いた。

党をできる限り大きくして、自由や主権という現存する問題に答えを出していくことです。オランダが今後数十年、数百年も自由で安全であり、経済的に繁栄していくためにです。

自由と主権、安全と経済的繁栄。インタビュー最後の答えは、ウィルダース氏らしいキーワードをちりばめ、端的に自分の考えを表現するものだった。考えさせられたのは「経済的繁栄」という言葉だ。移民問題を語る際、欠かすことができないのが、この経済効果の議論だ。それは「グローバル経済と保護主義の対立」とも言い換えられるかもしれない。オランダでまさに起こっている移民問題の別の顔を取材するため、私はいくつかの街を訪れることにした。

３：移民が支える欧州の経済

欧州各地から集まる季節労働者

最初に向かったのは、園芸農業の街として知られる西部のウェストランドだ。

訪れたのは２０１８年９月下旬。取材の約束をしていた農家の温室に入ると、外国人労働者がヨーロッパで人気の花であるフリージアの収穫に追われていた。その一人、ポーランドから来た女性シルビア・キエルセさん（28）に話しかけると、「ここで働くのは楽しい」と笑顔で応じてくれた。この農場に限らず、毎年のようにオランダのどこかの農場に働きに来るという。つまり、出稼ぎの季節労働者だ。

勤務時間は午前7時から午後3時で、給料は社会保障費など込みで時給17ユーロ（約2180円）。この農業法人の従業員38人のうち、31人が派遣業者を通して雇用された外国人だ。7年続けて働きに来るポーランド人もいるという。

しかし、昔から外国人ばかりが働いていたわけではない。この農業法人の4代目社長のマリヌス・ホフランドさん（41）は「子どもの頃、農場で働いていたのはほとんどオランダ人だった」と語る。変わったのは2000年頃からのようだ。この頃、求人を出しても3回連続でオランダ人の応募がなかったことがあり、方針転換を余儀なくされたそうだ。花を傷つけると商品として売れないため、細かな作業が必要で機械化もできない。考えた末にたどり着いたのが外国人の雇用だったが、どうすればいいか分からなかった。

外国人労働者の派遣ビジネス

窮地を救ったのは、EUに2004年に加盟したポーランドの労働者を紹介する派遣業者だった。EUは、「人・物・資本・サービスの移動の自由」という四つの自由を基本理念とする。EU加盟国間（より正確には欧州経済領域（EEA）間）であれば、特別な許可なく国境を越えることができ、どこで働くこともできる。つまり、ポーランドがＥＵに加盟したことで、ポーランド人はＥＵ域内のどこでも自由に仕事ができるようになった。

ポーランドはオランダと同じキリスト教文化が背景にあり、勤勉であるという評判もホフランドさんの背中を押したという。実際、ポーランドから来る労働者は期待通り、よく働き、まじめな人が多かったという。その後、外国人のために部屋を借り上げるなど受け入れ態勢も整えていったという。

外国人派遣労働者として、花の収穫作業をするポーランド人のシルビア・キエルセさん。オランダ・ウェストランド。2018年9月24日

ホフランドさんが気がかりなのは、オランダ人の意識の変化だ。「給料の問題ではなく、（農場での）こういった仕事は、もうオランダ人がするべきものではないと思っている」という。こうした考えが、働く人にもゆがんだ形で向かってきていることを感じている。「オランダ人は、農場で働くような東欧の労働者と、彼らを雇う我々のような人間にも偏見を持ち始めている」

オランダ人が嫌がってやらないような仕事を請け負い、いわばオランダ経済を支えてくれている移民

に示される敵対心。経済的な損得とは別の感情もそこにはあるのだろう。移民によって治安、自国の文化、社会が脅かされる。ウィルダース氏が訴えているような反移民の考えは、イスラム系の移民だけではなく、同じ欧州の移民にも当てはまっているというわけだ。

こうした国民感情の広がりをよそに、ホフランドさんを助けた外国人労働者の派遣ビジネスは急激に拡大している。EUの欧州委員会によると2016年に、EU域内で派遣された労働者の数は約230万件、7年間で約1・7倍になった。イスラム過激派によるテロが起き、移民への警戒感が高まってきた時期にもかかわらずだ。それだけ外国人労働者はオランダの経済にとって重要であるということを示している。

むしろ、少子高齢化などでオランダも含めた西欧の国々で国内の労働力人口が減る中、他国との間で外国人労働者の激しい獲得競争も起きているというのが現実だ。

取材を続けるうちに、ホフランドさんの農場に外国人労働者を紹介したオランダの大手派遣業者「NLジョブス」から話が聞けることになり、私は近くにあるオフィスを訪ねた。

NLジョブスは、もともと農家で働く人の組合だったという。だが、農業の人手不足から派遣事業に進出。ポーランド、ルーマニアのEU加盟に合わせ、両国に拠点を構えるなど、事業を拡大していった。

西欧の国の農家や企業が、NLジョブスを通し、東欧の事務所で登録した現地の労働者を選び、収穫期など必要な時期に来てもらうという仕組みだ。雇う側は働く人を募集する手間が省ける他、社会保障などの手続きを担うのは派遣業者で、煩雑な手続きはほとんどないという。平均契約期間は３〜４カ月だ。

出稼ぎに来るポーランド人にとってのメリットは何か。最も多い就業の理由は母国の３〜５倍という給料だ。貯金をしたい新婚夫婦や、起業資金を得ようとする若者も多いという。数年働き、家を建てやめていくという人も多いそうだ。

しかし、近年、西欧諸国の人手不足は深刻化する一方で、人材獲得競争は熾烈になっている。特に競合することが多いのがドイツ、英国、スウェーデンだという。

ＮＬジョブスでは、派遣労働者として登録する人を少しでも増やすため、１週間91ユーロ（約１万１７００円）で泊まれる宿泊施設をつくり、通勤に使う車も無料で貸し出すようにした。宿泊施設の中を見せてもらったが、まるでビジネスホテルのようだった。各階に自炊ができる大きなキッチンがあり、部屋は広くはないが、新しく、きれいで、日本でイメージするような外国人労働者の劣悪な環境とはかけ離れている。ＮＬジョブスのイェルン・レーウェンさん（41）は「東欧の労働者にいかにうちを選んでもらうか。評判がとても重要だ」と話す。

規制強化が守る労働者とは

ただ、トラブルも少なくないようだ。

東欧からの外国人労働者の派遣問題に詳しいポーランド人の法律家、ゴシュカ・イェホフスカさんのもとには最近、「けがや病気をした際、休ませてもらえなかった」「宿泊施設を追い出された」などの相談が多く寄せられているという。「労災に関して自分の権利を知らされていない労働者も多い。奴隷のように働かせる悪質な派遣業者も出てきている」。実際、オランダでは派遣された外国人労働者をめぐり、労使間のトラブルが増えている。

急拡大する外国人労働者の派遣ビジネスにEUは神経をとがらせ、規制強化の動きを加速させている。

2018年、受け入れ国の「最低賃金以上」としていた給与の条件を、受け入れ国の労働者と「同程度」に変更することを決めた。受け入れ国で業種別の労使協定で決められている賃金水準なども基準にするよう義務づけ、低賃金で雇えないようにした。さらに派遣期間の上限を原則2年から1年に短縮する規定も盛り込み、派遣の抑制に明確に舵を切った。

一見、規制強化の狙いは派遣労働者の待遇改善に見えるが、そうではない。最大の狙いは、受け入れる側、すなわち西欧諸国の労働者の保護にある。

この規制強化を主導したのは、フランスのマクロン大統領だ。2017年5月の大統領選、対立候補となったのは、ウィルダース氏と同様に移民の受け入れを厳しく制限するよう訴える極右政党・国民戦線のマリーヌ・ルペン党首だった。ルペン氏は、移民がフランス国民の仕事を奪っていると批判し、雇用問題は大統領選で大きな争点の一つになった。

当時、地元メディアが連日取り上げていたのは、欧州では、冷蔵庫や洗濯機など白物家電で知られる米家電大手ワールプール社の問題だった。

ワールプール社はこの年の1月、約２９０人が働くフランス北部アミアンにある衣類乾燥機の組み立て工場を翌年6月に閉鎖してポーランドに移す方針を明らかにした。これに飛びついたのがルペン氏だった。

ワールプール社を名指しで批判し、国外に移った工場でつくられた製品が、フランスに輸入された場合、35％の関税を課す方針を表明した。工場の海外移転で仕事がどんどんなくなる一方、東欧から押し寄せる移民労働者。ルペン氏はこの窮状を抜け出すにはＥＵを離脱するしかないと訴えた。そして、こうした状況に不安を感じていたフランスの労働者は熱烈にルペン氏を支持した。

マクロン氏もこの問題に取り組む姿勢をみせ、「フランスの労働者を守る」と派遣労働者への規制強化を公約に掲げた。２０１８年のＥＵの規制強化は、この公約の存在が大きかったと言える。

ただ、マクロン氏のこの訴えがどこまで国民の胸に響いたかは分からない。その数年前に解雇規制の緩和を含んだ「マクロン法」を成立させたのが、オランド政権で当時経済相を務めていたマクロン氏その人であったからだ。大統領選の期間中、忘れられないシーンがある。

大統領選の第一回投票を首位で突破し、ルペン氏との決選投票を目前に控えた4月26日、マクロン氏は自らの地元であるアミアンを訪れた。目的地は、ワールプール社が国外移転を計画している工場だ。

ルペン氏が大統領選の争点に押し上げたワールプール問題。マクロン氏としては、決選投票前に工場の労働者と対話し、自らも問題視し、取り組む姿勢を有権者に示したかったのだろう。

だが、待っていたのは手荒い歓迎だった。マクロン氏が工場の敷地内に足を運ぶと、従業員は「選挙向けのパフォーマンスだろう」などと厳しい批判を浴びせ、ブーイングをした。

マクロン氏にとっては想定外だったのだろう。突如、囲んでいた報道陣を振り切り、柵で仕切られた工場の駐車場に向かった。「今すぐ拡声機を持ってきてくれ」と大声をあげると、ブーイングをしていた従業員らに向かって「フランスがEUから出れば、工場はさらに廃業に追い込まれ、失業は増える」と呼びかけた。

マクロン氏が工場を離れた後に開いた記者会見でも、この出来事に質問が集中した。マクロン氏は「庶民の気持ちが分かっていないのではないか」と質問されると、「ルペン氏の情報戦に左右されるべきではない」と語気を強め、反論していた。

地元テレビはこの日、従業員とマクロン氏のやりとりからその後の会見まで断続的に流していた。それだけ雇用問題への関心が高いということだ。

移民受け入れに寛容なリベラル派は自国民のことを一番に考えているのか？　反移民を訴える政治家、政党はこう訴え、「移民 vs. 自国民」という構図を描くのが巧みだ。移民に厳しい姿勢をとらないリベラル政党や、加盟国に難民受け入れを求め、域内での人の移動の自由を義務づけるＥＵを「移民側」に位置づける。フランス大統領選でも、ルペン氏はこうした対立軸をつくることに成功したといえるだろう。リベラル派出自のマクロン氏が当初の予想より苦戦した背景に、ルペン氏の練られた戦略があったことは間違いない。

オランダの派遣労働者やフランスの工場労働者の件から導き出せるのは、特殊な才能、技術をあまり必要としない仕事は国内外を問わず、賃金が安い外国人のものになっていくということだ。それは農園での仕事のように、その国の多くの人にとってやりたくない仕事であるケースもあれば、フランスのように、望んでいる人が多くても工場の移転という形で外国人にとって代わられる仕事もある。だが、グローバリゼーションによって下がった企業や労働者の国境越えのハードルは、簡単には元に戻らない。

エビの殻は誰がむくのか

この問題を考えるにあたって、興味深い話があると聞き、オランダ北端の港町に行くことにした。

英国とスカンジナビア半島、ヨーロッパ大陸に囲まれた北海周辺は夏、「クルヴェット・グリーズ（グレーの小エビ）」と呼ばれるエビの漁が最盛期を迎える。沿岸国のスーパーやレストランには、エビを使ったサラダやコロッケが出回る。

この時期、オランダ北端の港町ラウエルスオーホもエビ漁の船でにぎわう。船の上で忙しく漁の準備をしていたベテランのエビ漁師、ベールンさん（64）に話を聞くと、思いがけない答えが返ってきた。

海でとれたエビはそのままスーパーやレストランに届くのかと思いきや、ほとんどはトラックに積まれ、2000キロ以上離れた北アフリカのモロッコに向かうという。3日半かけてモロッコに運ばれたエビは加工工場で手作業で殻をむかれ、また3日半かけて戻ってくる。なぜわざわざ、そんなことをするのか。ベールンさんの答えはシンプルだった。

「誰もエビの殻をむきたがらない」

このクルヴェット・グリーズというエビはむき身で食べるのが一般的だ。だが、身は小さく、機械で殻をむくのには適さない。1980年代までは地元の各家庭が分担して殻をむいていたが、報酬は安く、作業の負担に見合わなかったという。

そのため、1990年代にはこの作業が東欧で行われるようになった。しかし作業の質の問題などもあり、エビの行き先はやがてアフリカに移った。

オランダのいくつかの水産会社によると、モロッコにあるオランダ系の加工工場では、殻をむいた後のエビの重さで報酬が決まる。1日7キロ分で得られる日当は10ユーロ（約1200円）以下。オランダの最低賃金の1時間分か、それ以下だという。「安いむき手」を求めてエビたちは世界を旅しているというわけだ。

移民・外国人は仕事を奪うのか

経済のグローバル化で競争にさらされている企業は、国の内外を問わず安い労働力、賃金を求める。そのベクトルは、エビの殻むきや工場の海外移転のように国内から国外に向かうこともあれば、移民労働者のように国外から国内に向かうこともある。大きな問題は、こうしたグローバル化によって外国人と直接・間接的に競合し、仕事を失う労働者の不満、不安が行き場を失っていることだ。特に、仕事を求めて国内に流入してくる労働者との関係はより直接的なため、実際以上に不安を感じてしまう人も多い。

13歳の時からエビ漁をしているベールンさん。オランダ・ラウエルスオーホ。2019年6月

これに対して、英政府の諮問機関がまとめた報告書は、移民の賃金への影響について「低所得層が悪影響を受けているいくつかの証拠はあるが、程度は概して小さい」との見解を示している。米国の経済、社会学者らでつくる全米アカデミーズは2016年、過去の研究などから米国への移民が地域の

経済に与えた影響を調べた結果、「移民が米国生まれの労働者の雇用水準に大きな影響を与えている証拠はほとんどない」と発表した。

欧州の移民の専門家に直接話を聞いても同じ答えが返ってくる。ブリュッセル自由大学のダーク・ジェイコブス教授は「移民が就くのは運転手や清掃員など、欧州の労働者が嫌がる低賃金で不安定な仕事だ。雇用にも賃金にも影響していない」との見方を示す。ドイツのシンクタンク、フリードリヒ・エーベルト財団のマクロ・ファンク氏も「ナショナリスト政党は現実には起きていない問題を持ち出して移民を批判している」と話す。前出の園芸農場のように誰もしたがらない仕事を移民や外国人派遣労働者が担っているのであって、仕事が奪われているわけではないという見方だ。こうした研究や調査をもとに政府や政治家は、移民の受け入れに理解を求めようとする。

だが、移民に対する人々の実感は異なる。米シンクタンクのピュー・リサーチ・センターが2016年10月に発表した調査では、移民が米国人労働者に「悪影響を与えている」と答えた人は45%。「助けになっている」の42%を上回った。ウィルダース氏やルペン氏は経済全体ではなく、移民に対して不満を持ったり、実際に影響を受けたりしているミクロな人々に焦点を当てていく。米国のトランプ大統領も「移民はアメリカ人の雇用を奪っている」と強く訴え、工場労働者から喝采を浴びた。

実際、こうした主張を裏付ける例は、ヨーロッパを歩けば簡単に見つけることができる。

ＥＵのお膝元のベルギーで自動車関連製品会社を営むドリス・デュムランさん（39）は最近、移民を理由に大きな決断をした。かつてトラック運転手だったが、ポーランド人やルーマニア人の運転手が増え、賃金が下がったと感じて起業に踏み切ったのだ。

そして、２０１９年のベルギー連邦議会下院選挙では移民排斥を訴える極右政党に票を投じた。「自分は差別主義者ではないが、移民に関して言っていることは正しいと思う」。極右政党は躍進し、第三党に躍り出た。

移民労働者の流入や工場の海外移転で賃金が下がったり、仕事を奪われたりする恐怖にさいなまれる人々にとって、移民受け入れに理解を求めるリベラルな主張は「自分たちは無視されている」と映ってしまう。こうしたすれ違いが続けば、熱狂はやがて反移民政党へと向かっていくことになる。つまり、暮らしに不安を抱え、移民に不満を抱く人たちに「経済全体では大きな影響はない」というメッセージでは、上手く届かないということだ。むしろ、自分たちはその「全体」から見捨てられた被害者なのだ、という感情を強めてしまうことすらあるだろう。

東欧 vs. 西欧

ＥＵの外国人派遣労働者の規制の話には後日談がある。マクロン氏の強い思い入れにより実現した規制強化だったが、もくろみ通りにばかりはいかなかった。

ロイター通信によると、労働者を送り出す側のポーランドとハンガリーの両政府は２０１８

年10月、「規制は保護主義的だ」などと批判し、欧州司法裁判所に提訴したことが明らかになった。両国にとって派遣労働者による仕送りは、重要な外貨獲得の手段であり、規制が厳しくなれば、経済への影響は深刻だ。この規制が西欧諸国のためのものであることが喝破された形だ。

規制はEU加盟国が国内法を変えることで実行力を持つ。したがって、ポーランドやハンガリーが国内の法律を改正しなければ、規制の抜け穴ができることになり、効果は弱まる。前出の法律家のイェホフスカさんはこう話す。「国境を越えて自由に人が移動するEUで、他の加盟国からの派遣労働者を規制するのは、とても難しい」

外国人労働者の派遣問題が改めて教えてくれるのは、人の移動をコントロールすることの難しさだ。ひとたび、流れができるとそれを変えるのは容易ではなく、それによって様々な問題も生じる。しかも、その問題は欧州の人々の目の前で起き、一部の人の生活、人生を大きく変えている。

だが、移民や外国人労働者が入ってきたことで、人々の間に生み出された言いようのない不安や不満は、政府や学者の議論の中では霧消してしまう。いわく、「移民が、自国民の労働者に与えるマイナスの影響は、無視できる程度のものだ」と。確かにマクロの視点で見れば、そうなのだろう。大量の移民は安価な労働力となり、賃金や物価の上昇を抑えたり、企業に国外移転をとどまらせたりして、国際競争力を支えることに大きく貢献する。経済成長という観点からは、明白にプラスだ。アメリカのように、移民の流入が人口増に寄与し、経済成長の一つのエンジンになっている国もある。

では、人々の不安や不満を取るに足らないものとして片付けていいのか。このミクロの視点を訴え、人々の不安、不満をすくう役割を果たし、強みにし、支持につなげたのが、チェコのオカムラ氏やオランダのウィルダース氏だろう。そんな彼らからしてみると、グローバル経済や移民の移動を後押しするEUは当然、問題になる。

国境を取り払うことで直接的に恩恵を受けるのは、どこの国でも高収入の仕事を得られる高い能力や専門的な技術を持った人だ。高い能力や専門的な技術を身につけるのは、簡単なことではない。なかなか、賃金が上がらなかったり、待遇が改善したりしない中、国外から自分と同じような仕事をする外国人が来る。もしくは、将来、自分も移民労働者と競合するようになるのではないかと不安になる。しかし、こうした不満や不安は、マクロではなきものとして扱われてしまう。グローバル経済の影に追いやられたり、追いやられそうになったりする人々の姿がそこにはある。差別的で過激な言説が受け入れられやすい土壌はこうしてつくられているのだろう。

差別的な主張はもちろん許されるものではないが、そこにのみとらわれると問題の本質を見誤ってしまう。ヘイトスピーチや差別主義者と批判するだけでは、それを支持している人々の問題（グローバル経済がもたらす雇用・労働の不安）の解決にはつながらないからだ。

本来は、まさに弱者救済のための再分配を強く訴えるリベラル派の出番である。だが、現実には、リベラル派はこの問題にうまく対峙できていないように思われる。次章以降で、そのジレンマを伝えていきたい。

第3章
緊縮がもたらした分断
リベラル・パラドックス

1：つぶされたギリシャ

反緊縮の旗手、バルファキス

2019年9月17日午後2時、私はギリシャ・アテネ空港でタクシー乗り場に向かって、走っていた。駐在していたベルギー発ギリシャ行きのブリュッセル航空機が機材繰りの影響で、定刻になっても動かず、1時間遅れて離陸し、アテネ空港への到着が大幅に遅れていた。

この日、インタビューを予定していたのはヤニス・バルファキス氏。ギリシャの元財務相だ。

2008年のリーマン・ショックで、もともと経済が弱く、財政が脆弱だった南欧の国々の財政はさらに悪化した。そんな中、2009年に政権交代により新政権が発足したばかりのギリシャで、旧政権時代に行われた財政赤字の隠蔽が発覚する。ギリシャの国債は売り浴びせられ、破綻の危機に直面した。いわゆる欧州債務危機の発端の一つとなった出来事（ギリシャ危機）である。

バルファキス氏はもともと経済学を教える大学教授だったが、ギリシャ危機の最中に大幅な債務帳消しを主張し、2015年の「急進左派連合（シリザ）」政権下で、財務相に就任した。しかし、同年にEUなどが財政支援策と引き換えにして、ギリシャに増税や年金支給額の削減などが盛り込まれた緊縮策を呑むように要求した。バルファキス氏はこれに反対し、財務相の職を辞した人物だ。その後も国会議員として働きながら反緊縮を訴え、DiEM25（「ヨーロッパの民主主義運動2025」）などの創設にも携わり、今では世界的な反緊縮の論客として知られる。

「緊縮」は、今のリベラルの苦境を語る上で欠かすことのできない重要な論点だ。緊縮とは、政府が財政赤字を気にして予算を絞ったり、増税などで歳入を増やそうとしたりする政策だ。リーマン・ショックで厳しい財政状況になったため、市場での信用が低下し、国債の発行が難しくなったギリシャなどの南欧諸国がEUに求められたのが、この緊縮だった。そして、この緊縮をめぐり、欧州では近年、リベラル層への反発が急激に強まっている。

リベラル派はこれまで、誰にとっても公正な社会の実現を目指し、経済的な苦境にある人には給付や減税など、いわゆる「所得の再分配」に積極的な立場である、とされてきた。だが、欧州のリベラリズムの象徴であるEUや、欧州の主要国の中道左派に位置する政党はこの間、そうした立場を取らなかったどころか、対極にある緊縮を推し進めようとした。つまり、リーマン・ショック後に不安定になった経済に翻弄される人々に対して、欧州の主流派リベラル層は積極的な財政・金融政策でこれを下支えしようとしたのではなく、むしろ緊縮による我慢を強いてきたのだった。

私が注目したのは、こうした緊縮策に、低所得層だけでなく、中間層も大きな不満を持ったということだ。グローバル化の加速で労働市場の競争はいっそう激化し、格差は拡大し、中間層は細った。そんな状況で導入された緊縮策は、中間層をさらに細らせ、将来への不安をかき立てた。そして、怒りの矛先は緊縮策を主導した政府、EUに向かった。そうした怒りが爆発した国の一つが、ギリシャだった。

そのギリシャで反緊縮を掲げ、EUに真っ向から勝負を挑んだバルファキス氏。バルファキス氏は左派的、あるいはリベラル的な思想を持つ人物で、先に紹介したオカムラ氏やウィルダース氏とは政治的には対極の立場にある。だから、彼はEUから自国の「主権を取り戻す」などとは決して言わない。しかし、苦境の最中にあるギリシャの人々に対してEUが押し付けようとしたものが一体何だったのか、つぶさに見てきた人物でもある。

財政危機、緊縮策への対応にバルファキス氏が奔走していた2015年、私も取材でギリシャにいた。その時、バルファキス氏が何を考え、どうやってEUに真っ向から異を唱えたのか、緊縮の何が問題だったのか。その後、欧州駐在となった私がどうしてもインタビューをしたかった人物だ。何度か取材交渉を試みた後、この日、アテネの自宅で取材に応じてくれることになっていた。

だから、絶対に遅れてはいけない取材だった。だが、駆け込むようにしてアテネ空港で乗ったタクシーも渋滞にはまり、時間に余裕を持って組んだはずのスケジュールは破綻寸前だった。結局、バルファキス氏の自宅に着いたのは、予定を15分ほど過ぎた頃だった。国会議員としての仕事が後に入っていて、約束していたインタビューの時間は1時間。その4分の1を無駄にしてしまったわけだ。

アテネ中心部からやや離れた郊外のマンション。急いで呼び鈴を鳴らし、通されたのは日本人の感覚からすると広いが、ヨーロッパではいたって普通の広さの部屋。豪華さを感じさせるつくりでもない。私は時間に遅れたことで悔やむ気持ちと焦る気持ちに支配されそうになりながら、バルファキス氏におわびし、すぐにインタビューを始めた。

アテネの自宅で取材に応じたギリシャのバルファキス元財務相。2019年9月17日

通常のインタビューではまず、時事の話題などをふり、相手が話しやすいリラックスした環境をつくる。だが、今回はあまり時間がない。バルファキス氏にとって答えにくいかもしれないが、思いきって一番訊きたかったことから質問した。

緊縮策と戦った理由

２０１５年の時のことだ。バルファキス氏は、国の支出を増やして人々の暮らしを守ろうと、緊縮策の受け入れを条件にしたＥＵ側の金融支援計画に反対した。そして、その結果、財務相辞任に追い込まれた。

今でもあの時の判断は間違っていなかったと思っているのか。バルファキス氏は言いよどむこともなく語り始めた。

議論の余地はありません。あの時、ギリシャが求められたことはこういうことです。「お金を借り、借金を返すためにクレジットカードをあげよう。ただし条件は収入を減らすことだ」と。EUの金融支援策は私たちの社会を壊す財政緊縮策と引き換えに、巨額のお金が使えるクレジットカードを無理やり受け取らせることでした。緊縮策で人々が収入を減らし、仕事を失うことなどが明らかで、借金返済など到底できない状況にさせられるのに、です。受け入れるという人がいるなら、疑いようのないほど愚か者です。しかも、2015年の国民投票でギリシャ国民は金融支援策にノーと言いました。私には財務相として拒否する義務がありました。

当時、民意はバルファキス氏にあった。EUなどによる緊縮策の受け入れの賛否を問う7月5日のギリシャの国民投票は反対が61・31％、賛成が38・69％だった。だが、民意は覆される。当時のチプラス首相は、この結果について「欧州との交渉を打ち切る決定ではない」とし、EUとの交渉を継続し譲歩を引き出したものの、結局、緊縮策を受け入れることを決めた。チプラス氏はEUと決裂し、ユーロ圏から出ることになれば、さらに大きな打撃がギリシャを襲うと判断したのだろう。しかし、国民は納得しなかった。緊縮策を含んだ法案の採決が近づくにつれ、国会周辺で起こっていたデモは規模を拡大していった。

ギリシャにも原因はなかったか

ギリシャ危機のそもそもの発端となったのは、政府による財政赤字の隠蔽だ。先述した通り、２００９年の政権交代で、それまでの政権がＧＤＰ比で５％程度としていた財政赤字が実際は倍以上あったことが判明した。信用を失ったギリシャ国債は売られ、ギリシャは財源のあてがなくなり、ＥＵなどの国際機関に支援を仰いだ。そして、支援の引き換えに求められたのは、増税、年金の給付額の削減や支給年齢の引き上げ、公共投資の削減、公務員制度改革などの厳しい緊縮策だった。ＥＵなどが、ギリシャでは年金が55歳から受給でき、しかも現役時代の収入の９割ほどがもらえることや、公務員の数が労働人口の４分の１を占めていることなどを強く問題視していたためだ。

ギリシャはこの時以来、ずっと緊縮財政で、国民は我慢を強いられていた。そんな状況で迎えたのが２０１５年の再度の財政危機だった。さらなる緊縮をと言われ、不満が爆発するのは当然だろう。なぜ自分たちだけこんな目に遭わなければならないのか。当時ギリシャのあちこちで聞かれたこの問いに対するＥＵ主要国の回答を、次にバルファキス氏に投げかけることにした。すなわち「ギリシャ危機の最大の原因は、放漫財政だったギリシャ自身にあったのではないか？」ということだ。

ユーロ加盟国のギリシャは景気に柔軟に対応できる独自の中央銀行を失っていました。そのうえEUには、景気対策で中央銀行と連携する財務省がなかった。これが危機の最大の原因です。それなのに、救済を求めた私に欧州中央銀行（ECB）が言ったのは、「緊縮を条件にした新たな債務にノーというならギリシャの銀行を破綻させる」ということです。これは、EUの理念に反する植民地主義です。EUなどの金融支援の目的は、ギリシャに多額の貸し付けをしていたドイツやフランスの銀行の損失をギリシャ国民に付け替えることだったのです。

バルファキス氏の指摘はこういうことだ。ユーロ圏の国々は同じ通貨（ユーロ）を使えるようになった代わりに、通貨発行権を失った。例えば、ギリシャなら、ユーロ加盟以前は自国通貨のドラクマがあり、その通貨発行権をギリシャの中央銀行が持っていた。そのため、景気状況への柔軟な介入を行いやすかった。しかし、現在ではユーロという統一通貨を使用しているため、ユーロ加盟各国は、欧州中央銀行の意向に沿わないような独自の財政・金融政策を取ることは難しくなっている。

欧州の債務危機時、さらに浮き彫りになった問題は、本来は経済対策で中央銀行とセットであるはずの財務省が、ユーロ圏全体としては存在しないということだった。このため、EUは同じ通貨を使ういわば一つの国であるにもかかわらず、財政出動が機動的にできない。当時のギリシャとEUの関係をたとえるなら、日本のある自治体が財政危機に陥っているのに、財政に余力のある中央政府が緊縮策の導入を迫るようなものだ。共通通貨あって共通財政なし、というわけだ。

もう一つ、バルファキス氏がここで暗に訴えたのはユーロ圏の南北格差だ。北に位置する国は、自動車や機械など強い輸出産業を持つ国が多い。フォルクスワーゲンがあるドイツ、フィリップスがあるオランダ、ノキアがあるフィンランドなどだ。一方、ギリシャ、スペイン、ポルトガルなどは北に比べ産業に乏しい。

こうした構造のもと、共通通貨ユーロは北に位置する国の製造業を大きく支えている。ユーロの価値は、経済的に劣る南欧の国々の評価も入るため、その分、通貨としての評価は相対的に下がる。そのため、ドイツやオランダは経済力に見合わない弱い通貨を持つことになる。輸出において通貨の安さは強い価格競争力を持つことを意味する。つまり、EUの北の国々の輸出競争力は、実は南の国々の経済的な弱さを基盤にして維持されている、という側面がある。

バルファキス氏の不満はここにある。ドイツやオランダは、経済的に弱い国がユーロ圏にいることで大きな恩恵を受けているが、それを南欧諸国に還元していないという考えだ。

バルファキス氏は、ギリシャが危機に陥った時にEUは、ドイツやフランスなどの国々の銀行の貸し付けの損失を「ギリシャ国民に付け替え」ようとした、と語っていた。これはEUの金融支援策を介して、ギリシャに多額の貸し付けをしていた北の国々の銀行の損失を補塡すると同時に、それを回収するために（緊縮を条件に）新たな借金をギリシャ国民に課す、ということだ。当然、緊縮策で景気はよりいっそう悪くなるため、ギリシャでは失業は増え、人々の収入は減る。そうすれば、ますます借金を返すめどは立たなくなるはずなのに、それが新たな借金の条件なのだ。借金に次ぐ借金を、「節約して働いて、死ぬ気で返せ」と言われること——こうしたカードローン地獄にも似た状態がギリシャ国民に課されたのだと言えば、分かりやすいだろうか。バルファキス氏が「EUの理念に反する、植民地主義」だと強い言葉で批判するのは、このような状況のことを指している。

だが、当時、欧州のメディアの中には、「反緊縮は大衆迎合のポピュリズムである」という厳しい批判が少なくなかった。政治家は大局を見て、時には国民にとって耳障りが悪くても痛みを伴う改革を行わなければならない。バルファキス氏はこうした声をどう受け止めていたのか。

全く正反対です。あのときEUがやろうとしていたことはギリシャのみならず、欧州にとってもよくないから反対したのです。私はポピュリストがよく言う「我々に投票すれば、物事はすべてうまくいく」といったうそもついていません。賃金や年金額が改善するといった約束はせず、EUなどとの衝突は苦痛を伴うものになるだろうとも説明していました。私が国民に約束したのは「みなさんを代表して新たな借金は負わない」ということだけです。

確かにバルファキス氏は、反緊縮を訴える一方、バラ色の未来を国民に約束したわけではない。むしろ、政界に入る前、ギリシャ政府に債務不履行を迫ったこともある。経済学者としての矜持《きょうじ》なのだろう。語気を強めて否定する姿に、ポピュリストとして括られたくないという強い思いが感じられた。

サクセスストーリーではない

では、緊縮策を受け入れ、ユーロ圏に残ったギリシャの経済はその後どうだったか。2015年にマイナス0・49%だった実質経済成長率はコロナ前の19年、1・86%に上昇。年金の支給額の削減や増税などにより財政状況も改善し、2009年に15・1%の赤字だったGDP比の財政収支は、2019年には0・23%の黒字になった。

こうした状況を捉え、EUでは、ギリシャの緊縮策は成功例として歴史に記録されつつある。2018年6月、ユーロ圏の財務相会合は、ギリシャに対して2010年から実施している金融支援を8月に終えると決めた。会合の議長を務めていたセンテーノ氏（当時のポルトガル財務相）の言葉が象徴的だ。「ギリシャは再び独り立ちする。金融支援の成功物語だ」。ギリシャは危機から立ち直り、結果的にはＥＵ側が正しかったように見える。だが、バルファキス氏の見方は違う。

ギリシャ経済は昏睡状態です。危機は続いていると言ってもいい。多くの若者が低い賃金で働き、希望を持てず国を離れています。この流れが続けば、ギリシャは立ちゆかなくなります。ドイツですら、いい方向に進んでいません。ＥＵが強いる緊縮策は投資不足を招き、「削減、削減、削減」で多くの人の賃金は下がり、公立病院や学校が閉鎖されています。ギリシャ、ドイツいずれのポピュリストにとっても、今の苦境を相手の国のせいにするのがたやすい状況です。人々が怒っている時にファシズム（独裁主義）が訪れるのは歴史が証明しています。

経済は緩やかながら成長し始め、財政赤字も減り始めた一方、確かに経済の活力は戻っていない。失業率（２０１９年）は下がってはいるものの、17・33％とユーロ圏で最悪。特に若年層の失業率（同年）は28・２％と三人に一人は仕事がないという厳しい状態だ。

緊縮策の評価は難しい。緊縮をしなかった場合にギリシャ経済がどうなっていたかという検証が極めて困難だからだ。

確実なことはギリシャ危機後、反緊縮の訴えは世界で広がりを見せ、より多くの人に支持されるようになったということだ。米国では、大統領選の民主党の候補者指名を目指したバーニー・サンダース上院議員が、反緊縮で一部の若者から熱烈な支持を集めた。先進国の中でもとりわけ財政状況が厳しい日本でも、ＭＭＴ（現代貨幣理論）などを用い、反緊縮を訴える声が強まっている。では、財政の悪化に目をつぶり、財政支出を拡大すれば、問題は解決するのだろうか。そんな問いをバルファキス氏にした。

そうは言っていません。今の欧州の問題の一つは、巨額の預金がある一方、投資が低水準なことです。だから、ＥＵの欧州投資銀行に少なくとも毎年５０００億ユーロ（約60兆円）の債券を発行させ、お金の使い道がない民間企業や投資家から集めたお金を、電気自動車や再生可能エネルギー事業などに投資をすればいい。経済を成長させ、雇用を増やし、環境分野で世界をリードできるようになります。（世界大恐慌後の１９３０年代に大規模な公共投資を実施した）米国のフランクリン・ルーズベルト大統領のアイデアが元です。彼は銀行にある預金などすでに民間部門にあるお金を投資に回させ、景気回復に成功しました。私は「グリーン・ニューディール政策」として、ＥＵ全体でＧＤＰ比５％の予算をこうした環境分野の投資に回すことを提唱しています。

財政をないがしろにしていいというわけではない。提唱しているのは、あくまで行き場を失ったマネーを欧州全体で活用する仕組みで、一国の財政負担を軽くすることによって、景気刺激策である公共投資と財政管理を両立させるという考えのようだ。日本は消費税の税率を引き上げたが、バルファキス氏の頭の中には、増税という選択肢はないのだろうか。

増税を排除しているわけではありません。私は富裕層への課税を強化するという考えが好きですが、課税強化は抵抗を招き、時間がかかります。富裕層は有能な会計士を雇い、巧妙にお金を隠します。すぐにできる財源としては考えていないということです。

日本は第二のギリシャになりうるか

では、低成長と財政が常に主要な課題として取り上げられている日本をどう見ているのか。2015年のギリシャ危機時、日本は財政赤字の多さから「第二のギリシャになるのでは」と言われたこともあった。

そういう指摘は耳にしましたし、当時、日本の麻生（太郎）財務大臣からも心配する電話が私のところにかかってきましたが、私は「全く心配する必要はない」と答えました。日本にはギリシャにはない輸出競争力がありますし、景気対策で連携できる独自の中央銀行である日本銀行と財務省があります。イタリアは輸出力や人口規模、少子高齢化の状態などから時々、「賢明さを除いた欧州の日本」と言われますが、決定的に違うのはこの中央銀行と財務省の機能です。これは危機時の対応で証明できます。

２００８年の世界金融危機を発端に欧州で起こった金融危機は、１９９０年代の日本の金融危機によく似ています。どちらも不動産部門が軒並み崩れ、開発業者が倒産し、お金を貸していた銀行が破綻しました。欧州の危機ではアイルランド、スペインでまず不動産業者が、次に国そのものが崩壊の危機に直面しました。しかし日本は日銀と財務省が連携し、影響が極力国民に及ばないように取り組むことができたのです。日本でも景気は悪化しましたが、２００８年以降に欧州が直面したようなひどい事態にはならなかったでしょう。

驚いたのは、麻生財務大臣が当時、直接バルファキス氏に電話をかけていたということだ。日本政府としても対岸の火事ではなかったということなのだろうか。だが、バルファキス氏によると、こうした心配は全く杞憂《きゆう》だという。日本の財政状況を論じるにあたり、ギリシャやイタリアが引き合いに出されるケースが多くあるが、産業構造や特に中央銀行の機能の違いなどから考えて、全く不適切というのが答えだ。日本はギリシャと違い「ユーロ」という共通通貨の制約に縛られることなく、比較的柔軟な財政・金融政策を取ることが可能だからだ。

ギリシャが検討していたEUとの別れを実際に決めた英国についても訊いてみた。英国にシンパシーを抱いているか、英国の問題もギリシャと同じなのか、ということだ。

ギリシャとイギリスの事情は全く違います。ギリシャの多くの人は極めて親欧州的です。ギリシャ危機時でも、「グレグジット（ギリシャのEU離脱を示す英語の造語）」を支持した人は、10％程度でしょう。グレグジットは、ギリシャの債権者であるEUなどが脅しに利用したもので、私はギリシャの財務相としてそれにノーと言いました。一方、「ブレグジット（英国のEU離脱を示す英語の造語）」はイギリスで育った考えです。私はイギリスで2016年にあったEU離脱をめぐる国民投票で、離脱反対キャンペーンに加わりました。離脱しても英国民が不満を持つ問題を解決できないからです。あくまで親欧州の立場でEUを変えていくべきだと思います。

では、英国はEUを離脱すべきではないということなのだろうか。

英国民の思いは理解できます。資本主義がさらに加速し、世界的な金融危機を機に政府の支出を絞る「緊縮財政」が進められた結果、多くの英国人がまるで市場で価値を失った家畜のように扱われていると感じ、英・EUの支配者層に罰を求めたのです。移民の問題もあるでしょう。２００８年のリーマン・ショック後、英中央銀行は日本銀行や米連邦準備制度理事会（ＦＲＢ）とともに大規模な金融緩和を実施し、質は悪かったですが雇用を作り出しました。一方、欧州中央銀行はギリシャのような危機に瀕した国に緊縮財政を強いることに注力し、雇用を失わせました。結果、仕事を求めて英国にＥＵ市民が殺到し、英国民との間に新たな緊張関係を生んだと見ています。私が出会った多くの英国人は、ギリシャ危機でのＥＵのギリシャへのひどい態度を見て離脱を選んだ、とも言っていました。

ＥＵ離脱を推し進めた英国のボリス・ジョンソン首相は、一部の政治家やメディアから「第二のバルファキス」と呼ばれていたが、そのことも訊いてみた。

ジョンソン氏と同じように見られるのは腹立たしいことです。離脱を主張し、ＥＵに対する脅迫に使ってきた彼と親欧州の私は大きく違います。それに彼はトランプ米大統領の親友です。私はトランプ氏は人種差別主義者で、賃金引き下げなどを求める新自由主義者だと思っています。私の考えと全く相いれません。

では、親欧州で新自由主義を嫌うバルファキス氏にとって、どんなＥＵが理想なのか。

ＥＵは共通通貨、単一市場をつくりました。次に必要なのは、日本や米国のように柔軟な金融、財政政策ができる民主的なＥＵの連邦政府です。その連邦政府の財務相になるのが私の希望です。国を愛することと、政府を支持するかは別のことです。私は欧州人としてＥＵの政策に反対していました。ギリシャ支援についてＥＵと交渉していた時、私はドイツのショイブレ財務相に言いました。「我々のことが嫌いなのは知っているが、我々は違いこそあれ民主主義者だ。もし私たちと衝突すれば、次にあなたたちが対峙しなければならなくなるのは、ＥＵを壊そうとする独裁主義者だ」と。今、このことが正しかったことが証明され、悲しく思っています。

バルファキス氏はここで時計に目をやり、インタビューは終わった。慌ただしく礼を言い、部屋を出ながら、私はバルファキス氏の悔しさと歯がゆさがにじみ出た最後の言葉を頭の中で反芻《はんすう》していた。今、ＥＵが苦闘しているのは各国に広がる「自国第一主義」だ。フランスのマリーヌ・ルペン氏、イタリアのサルヴィーニ氏、ＥＵを公然と批判する政治家が政権を握るポーランド、ハンガリー。そして、その背景にＥＵの緊縮に対する反発も見え隠れする。イタリアは財政支出の削減を強いるＥＵの財政ルールに異を唱え、ルペン氏は財政支出を拡大し、福祉予算をもっと増やすよう訴えている。こうした声を支えているのは、日々の生活に苦しんでいる普通の人々だ。バルファキス氏がＥＵと戦っていた２０１５年、ギリシャの人々は何を思っていたのか。ここで少し紹介したい。

2：アテネで起きていたこと

混乱する市民生活

当時、日本で金融分野の取材を担当していた私が、ギリシャ出張を命じられたのは緊縮策をめぐるEUとの交渉が佳境に入っていた2015年7月だ。文字どおり、市民生活は混乱の極みにあった。

預金の流出を恐れたギリシャの国内銀行は窓口を閉鎖し、ATMでの預金の引き出しも1日60ユーロ（約7200円）に制限されていた。交渉が決裂し、EUから支援を受けられずに銀行が破綻するという最悪のシナリオに備え、市民は少しでも預金を下ろしておこうと連日、ATMに列をつくっていた。

ホームセンターでは引き出した預金を保管するための金庫が飛ぶように売れていた。ATMで引き出しきれないお金を少しでも減らすため、iPadなど転売しやすい商品をデビッドカードで買う動きも広がっていた。

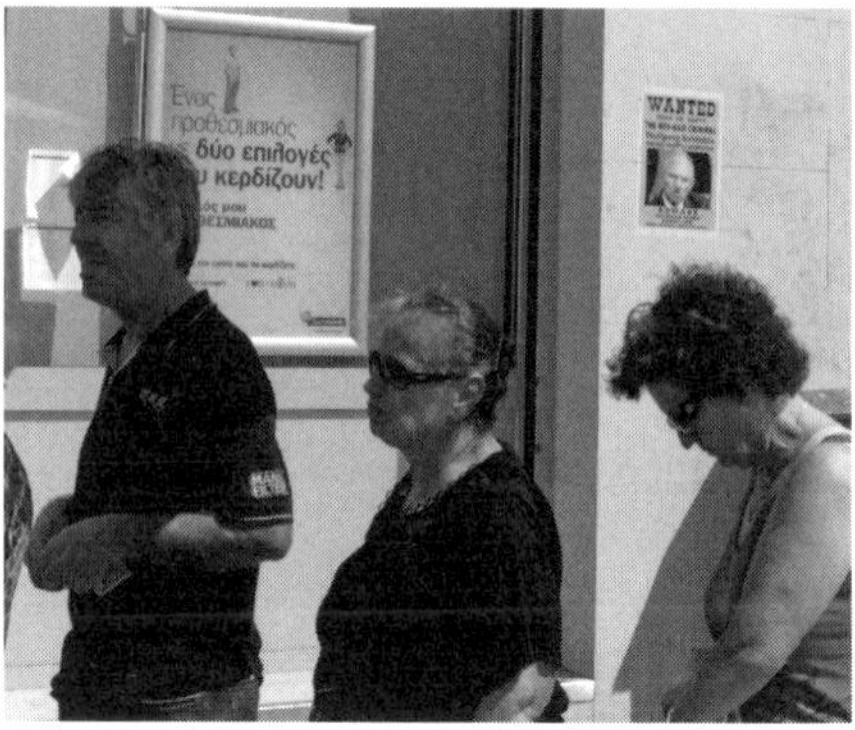

アテネ市内のATM前にできた人々の列。2015年7月

一方、反緊縮を掲げ、この年の1月に発足していた急進左派連合（シリザ）のチプラス政権は次第に民意と離れていく。前述した通り、チプラス首相が、緊縮策を含んだEUの財政改革案に対する国民の意見を聞くためとして7月5日に実施した国民投票では、緊縮反対が6割以上にのぼった。

だが、政権はEU側との交渉を打ち切らなかった。チプラス氏は11日未明の国会演説で国民投票について、「『オヒ（ギリシャ語でノー）』は、政府とその努力に対する信任と解釈した」とし、「危機的状況にあり、忍耐強くEU側と交渉している」と理解を求めた。政権は次第に譲歩し、緊縮策受け入れへと流れていく。こうした政府の姿勢に国民の間に失望が広がっていく様子が、よそ者の私にも痛いほど感じられた。

デモに参加していた会社員のソゾリスさん（33）は「今までより厳しい緊縮策はチプラスの裏切りだ」と憤っていた。地方公務員のバオディス・スタマティスさん（39）も「チプラス首相は我々が突きつけた『ノー』を都合のいいように解釈している。無理な緊縮を押し付けるEUから出るべきだ」と言った。公務員のイリアス・ユリブスさん（55）は「これまでの緊縮策はギリシャに苦しみしかもたらさなかった。せめてEU側の債権放棄がなければ、受け入れられない」と話した。

怒りは、EUを主導するドイツにも向かった。整体師のバシリス・カカビキスさん（25）も「従属か革命かなら、私は革命を選ぶ。ドイツは第二次大戦後、欧州各国の支援で復活した。ギリシャに対する今の態度は不公平だ」と語った。アテネ市内には、共通通貨「ユーロ」のマークをナチスドイツのカギ十字と結びつけるような落書きがあちこちにされた。北に対する南の怒りの爆発だった。

だが、政権は13日、EU側の緊縮策の受け入れを決める。国民はすぐにデモで猛反発した。同日に与党の急進左派連合系の政治団体などが主催したデモには、1000人以上が参加。緊縮策を含む新しい財政改革案について「民衆を救うものではない」「年金生活者、仕事のない若者が犠牲になる」と訴えた。

デモに参加した小学校教員のアンドゥリアニさん（32）は「新たな緊縮策は我々の尊厳と暮らしを損なう。なぜ、EUにここまで介入されないといけないのか」と不満を口にした。

この日、私はアテネ市内の職業安定所を訪れる人に話を聞いていた。ある女性（25）は、1年間勤めた法律事務所を解雇されたばかりだった。失業保険は月460ユーロ（約6万3000円）で親の仕送りが頼りだという。「これまで以上に厳しい緊縮が続く。自分たちの先はもうない」。2月に失業したというデミトゥリス・パパジャリリアスさん（29）は「（緊縮策反対を掲げていた）チプラス首相に期待していたが、裏切られた」と話した。この日に限らず、窮状に追い込まれ、希望を失い、政府、ＥＵに失望している若者に多く出会った。ギリシャ経済の今後を担うべき若い世代の間には、国外に脱出する動きも強まっていた。

冷え込む経済

実体経済もひどい状況だった。

アテネ中心部では、観光エリアを一歩外れると、中小企業がひしめき合うようにオフィスを構えている。リネン類を扱う問屋経営のパパニコラウ・パブロスさん（37）は、「何もできない。座して死を待つのみだ」と苦しい状況を明かしてくれた。

商品のほとんどはエジプトやパキスタンなどからの輸入品。政府の資本規制で国外送金ができなくなり仕入れはストップし、売り上げは8～9割減っていた。パブロスさんは「仕入れ先の外国企業に、ギリシャは安心して取引できる国だと思われていない」と肩を落としていた。

工具やコードを売るスピロス・カトゥマスさん（58）の店は、チプラス政権が誕生した年初から売り上げが4割減っていた。従業員20人のうち6人を休ませていた。規制により、銀行の休業が始まると、さらに落ち込んだ。こののちに銀行の担当者と連絡が取れなくなり、運転資金の融資も受けられなくなった。創業50年を超える店だが「もう時間の問題かもしれない」と危機感をあらわにした。

ギリシャ経済を支える飲食、宿泊、観光業も緊縮に苦しめられていた。アテネ中心部でギリシャ料理店を切り盛りするアンドニス・キリチスさん（28）は「経営は厳しくなる一方だ」と嘆いた。緊縮策が始まった5年前、多い時で1日６００人いた客も、今は平均50人ほど。「様々な増税策が実行されれば、さらにお客さんの財布のひもは固くなる」と頭を抱えていた。

緊縮法案に盛り込まれていた、付加価値税（日本の消費税に相当）の税率の13％から23％への引き上げや法人税の増税も重くのしかかっていた。

文房具卸業者の会計責任者のルケア・エフィさんは「増税となれば、ものは売れなくなり、立ちゆかなくなる企業はさらに増えるだろう」と頭を抱える。店は緊縮下のこの4年で、取引先の3割を失ったという。

観光と並ぶ基幹産業の海運業も緊縮策の標的にされた。優遇税制を段階的に廃止することや、船の重さに応じた税の引き上げが盛り込まれていた。マルタとキプロスを拠点に大型船を動かすマレイナ・アルマドーラ社のコンサルタント、サバス・チャマイディスさんは「増税になれば本社を外国に移すことも検討せざるを得ない」と話していた。

失望の終幕

緊縮法案の採決を目前に控えた15日夜のギリシャ国会前の光景は忘れられない。シンタグマ広場には次から次へとデモ隊が押しかけ、政権、ＥＵを糾弾する人であふれていた。私は戦い

アテネの国会前のシンタグマ広場で行われた「緊縮反対」の大規模デモ。2015年7月15日

の終わりを一緒に見届けようと、広場に行き、参加者に話を聞いて回っていた。

デモは夜になっても終わる気配を見せず、参加者の一部が火炎瓶を投げたり、警備をしていた警察の機動隊を挑発したり暴徒化し始めた。興奮と怒号で広場が異様な雰囲気に包まれる中、突然、バーンという爆発音が響き、広場は白い煙に包まれた。と同時に目とのどを刺すような痛みに襲われた。しびれを切らした機動隊が催涙弾を発射したのだ。不意の爆発音と痛みに、デモに参加していた人々は逃げ惑った。あちこちから悲鳴が上がり、現場は騒然となった。

催涙ガスを吸い込んだ私は目がよく見えなくなり、その場から動けなくなった。催涙ガスは初めての経験だ。ペットボトルの水で目や口を何度もすすぎ、悪戦苦闘していた。だが、これはあまりに素人的な対応だったのだろう。見かねたデモ隊の一人の若者が歯磨き粉を渡してくれ、目の下に塗るよう教えてくれた。言われた通りにすると目の痛みは和らぎ、次第に視力も回復したので驚いた。

この機動隊の対応は、デモに参加していた人々の怒りをさらに増幅させた。デモは極右、極左入り交じり、政治団体が主導するものが少なくなかったが、政治団体に属していない人々も多く参加していたからだ。こうした人々は純粋に意見表明の機会としてデモに参加し、言葉で緊縮反対を訴えるだけだ。破壊活動や火炎瓶を投げるようなことはしない。催涙弾に戸惑っていたのは私だけではなかったのだ。

この日、高校教員の職を失ったというエリアスさん（25）は「財政改革法案は祖父母や両親の世代にはいいのだろうが、自分たちにとっては苦しいだけ。政治団体の過激なやり方は支持できないが、政府のやり方も支持できない」と悲しそうな様子で胸のうちを明かしてくれた。ライトアップされた美しい国会の中で緊縮法案の採決が進む中、その外で広がっていた人々の怒り、失望、悲しみ、無力感。反緊縮派と緊縮派の戦いにいったんの幕が下ろされていく中、私はこれだけ苦しんだギリシャはきっと立ち直る、漠然とそう思っていた。

ギリシャ人は怠け者か

ギリシャ危機の渦中、ヨーロッパの南北格差の問題は様々な議論を巻き起こしていた。ギリシャでEUを主導するドイツなどへの批判が高まっていた一方、ドイツなどはギリシャへのいらだちを募らせていた。その対立の象徴とも言えるのが「ギリシャ人怠け者論争」だ。

EUなどから2度の金融支援を受けながら、再度財政破綻の危機に陥ったギリシャは、そもそもダメな国ではないのか、その理由の一つに国民が怠け者という要素もあるのではないか、というのが北側の主張だ。勤勉である我々が納めた税金でなぜ、怠け者を助けなければいけないのか、という思いが北側の国々の国民にあるのは間違いない。

「怠け者のギリシャ人を助ける必要はない」

「財政危機は、ギリシャ人が招いたことだ」

2015年夏、ドイツのタブロイド紙には連日のようにギリシャ人の怠惰さが今回の危機の原因だとする記事や、読者からの投稿が掲載されていた。ギリシャが緊縮策の受け入れを決めた後の7月17日の独公共放送の世論調査でも、49％が「ギリシャへの支援交渉の再開に反対」とし、賛成の46％を上回っていた。

だが、チプラス首相をはじめ、ギリシャ国民は当時、この指摘を完全に否定した。私はどちらの主張が正しいのか、ギリシャとドイツで関係者を取材し、検証を試みてみた。

北側からの批判に真っ向から反論していた一人がギリシャ労働省に勤めるジョイ・カピチャさん（55）だ。ジョイさんの仕事の一つは、労働環境の立ち入り調査だが、ほとんどの商店や会社で従業員は1日8時間以上働いており、むしろ長時間労働をさせられているケースが散見されるという。ジョイさんは「ギリシャ人の労働者はまじめです。むしろ、今の不況下で低賃金でこき使われているのが実態です」と話す。自身も毎日朝7時半に出勤し、定時の8時間勤務が終わる午後3時半を過ぎて残業する日も少なくない。

日本人の感覚からすると、これは全く長時間労働ではないと思うかもしれないが、ヨーロッパでは残業は普通起こらないことだ。定時を超えた時間働かせることは厳しい規制の対象で、公務員ならなおさらだ。残業をしているという時点で、「働き過ぎ」と認定されると言っても過言ではない。

とはいえ、勤勉さの基準は国、人によって異なる。客観的に第三者の立場から、ギリシャ人の仕事に対する姿勢を論じてもらおうと訪れたのは、ギリシャに進出している日本企業のオフィスだった。世界的に勤勉で知られる日本人の評価は、厳格かつフェアであろうと期待してのことだ。

取材に応じてくれたのは、ギリシャ最大の港町ピレウスに拠点を設ける日本企業「中国塗料」（本社・広島県）だ。２０１５年４月、東京から赴任した三村親人《ちかと》さん（39）は、19人のギリシャ人の同僚と働き始めると、報道で伝わっていたイメージとのギャップを感じたという。

定時は午前９時から午後５時までだが、ギリシャ人の従業員は早朝出勤、残業もいとわないという。昼食は事務所で仕事をしながら取る人がほとんどで、取引先のギリシャの海運会社も同じだそうだ。世界中で船を動かしているため、昼夜問わず連絡することも多いが、いつも反応は速いという。三村さんは「日本人と同じぐらい勤勉。怠け者というイメージは全く違うと思う」と話した。

実際に、怠け者という見方を覆す統計もある。

経済協力開発機構（ＯＥＣＤ）の調査によると、労働者一人当たりの年間労働時間（２０１４年）はギリシャが２０４２時間で、ドイツ（１３７１時間）の約１・５倍だった。統計のある34カ国のうち当時、ギリシャは日本（１７２９時間）を上回り３番目に長く、ドイツは一番短かった。

ただ、統計方法は各国で異なる上、ギリシャでは労働時間が長くなりがちな個人事業者の割合が高い。ドイツ経済研究所のカール・ブレンケ氏は「ドイツはパートタイマーを増やすなどしてワークシェアリングを普及させ、失業率を低く抑えている。このデータだけで勤勉さを評価するのはふさわしくない」と指摘する。確かに労働時間のデータは単純に比較できず、勤勉さの評価の根拠としても不十分だが、少なくともギリシャ人がドイツ人より働いていないとは言えなさそうだ。

見過ごせないのが、ＧＤＰの差だ。世界銀行によると２０１４年の一人当たりの国内総生産（ＧＤＰ）は、ギリシャは２万１６８２ドル（約２７０万円）でドイツの半分以下。ＯＥＣＤによると、労働者が１時間に生み出す付加価値（２０１２年）はギリシャが34・５ドルでドイツの約６割にとどまる。この差はどこから来ているのか。

アテネ経済商科大学のパノス・ツァクログルー教授は「両国の違いは労働生産性の差からきている」とする。ギリシャ企業の投資資金が不十分なことや、他の多くのＥＵ諸国より全労働者に占める割合が高い公務員の非効率な働き方が主な原因と考えられるという。観光、海運、農業が主要産業のギリシャに対し、ドイツは労働力より資本設備への依存度が高い、いわゆる「資本集約型」の自動車や電機など製造業が経済を支える。ツァクログルー教授は「怠け者という意見は全く根拠がなく、意味をなしてない」と断ずる。

では、なぜ明確な根拠がないにもかかわらず、ドイツ人など一部のヨーロッパ人はギリシャ人に対して怠け者というレッテルを貼ろうとするのか。欧州史、メディア論に詳しい専門家に見解を訊いた。

ベルリン芸術大学のハンス・ユルゲン・アルト教授（メディア・コミュニケーション学）によると、「南欧諸国＝怠け者」という偏見は欧州では200年以上前からあるという。理由は18世紀後半から始まった産業革命だ。「英仏などが生産性向上に成功したのに対し、南欧諸国はその道をたどれず、怠け者というイメージをつくった」と見る。ギリシャの財政危機に乗じて、メディアがこのイメージを利用しているというのがアルト教授の見方だ。

アルト教授はギリシャにも苦言を呈した。当時、ギリシャ国内では、大衆紙がドイツをナチスになぞらえた記事を掲載したり、ギリシャにさらなる緊縮を迫るショイブレ独財務相をヒトラーに見立てたポスターがあちこちで貼られたりしていた。「ギリシャでもドイツに対する画一的なイメージづくりが広がっている。２国のこうした報道は、本質的な議論を遠ざけてしまう」

鋭い指摘だ。当時のEUの雰囲気、国際的なギリシャ報道は多かれ少なかれ、「ダメなギリシャをどうやって助けるか」という論調が核にあった。これが、「がんばっているギリシャをどう立ち直らせるか」というスタンスだったら、答えはもっと違うものになったのではないか。国を成長させるという視点に乏しい緊縮策は経済を縮小させ、国民を苦しめるだけではないだろうか。バルファキス氏が訴えていたのも同じことで、現実はその懸念通りになりつつあると言える。

3：欧州に広がる緊縮

落ちたイタリアの橋

それは突然の悲劇だった。2018年8月14日午前11時半頃、土砂降りの雨の中、イタリア北部ジェノヴァの市街地を走る幹線道路の高架橋（高さ約50メートル）が崩落した。全長約1・2キロの橋のうち、崩れたのは約200メートル。走行中の車など30台以上が何の前触れもなく、床を失い地面に落とされ、子どもを含む43人が死亡した。

一報を受け、赴任先のベルギーから、急いでジェノヴァに向かった私が現場に着いたのは翌日午前のことだ。橋の別の部分も崩落する危険があり、周辺は規制線が張られ、橋に近づくことができない。カメラの望遠レンズを向けると、崩落部分の直前で止まっているトラックが見えた。地元メディアによると運転手は事故後、車を置いて逃げて無事だったという。橋の周辺では、鉄筋がむき出しになった残骸が散乱していたが、懸命の救出作業が続いていた。国内外から多くの記者、カメラマンが駆けつけ、一帯は騒然とした雰囲気に包まれていた。

私の第一の使命は、現場の状況を自分の目で見て、当事者に話を聞き読者に伝えることだった。現場の橋に近づけない以上、近づくことのできる人に話を聞くしかない。頼みは、崩落現場と規制線の外を行き来している救急隊員だった。

ただ、過酷な状況下での夜通しの救出作業だ。身体的にも精神的に疲弊していることは容易に想像できる。業務の邪魔にならないよう休憩中でかつ、取材を受けてもいいという人を探さなければならなかった。原稿は日本の締め切り時間に合わせ、イタリア時間の午後の早い時間に完成させなければならない。はやる気持ちを抑えながら探し出した二人の救急隊員は、救助の様子や心情を快く話してくれた。

ある男性救急隊員は「こんな事故の経験はない。また橋が落ちてこないか怖くて神に祈っている」と話した。この隊員は崩落直後、「助けてくれ」という悲鳴を聞き、がれきに押しつぶされた車の中の男性を発見。カッターで車の屋根を切って助け出した。男性は一命を取り留めたという。

けが人の治療にあたっていた医師のアンジェロ・ジッリさん（46）は15日朝、車に乗っていた二人の死亡を確認したという。現場には崩れた巨大な橋げたと支柱があり、すぐに撤去できない。ドリルで崩しながら、生存者を捜しているという。ジッリさんは「負傷者の声が聞こえず厳しい状況だが、まだ生存者がいると期待して待っている」と話した。

橋はなぜ落ちたのか

なぜ、全長約1・2キロの巨大な橋は落ちたのか。その有力な原因として浮上したのが政府の緊縮財政だった。

2008年の金融危機以降、イタリア政府は道路などのインフラ建設に関わる公共予算を大きく減らした。OECDによると、イタリアの道路への投資額は2006年に142億ユーロ(約1兆7900億円)と、EUで最大だった。だが、その後、急激に減少した。2015年には51億ユーロ(約6400億円)まで減り、独仏英の4～6割程度の規模にとどまっていた。この間、欧州ではギリシャの債務危機を発端に、EUが各国政府に課す財政ルールが厳格化された。EUの中で財政状況がよくなかったイタリアではとりわけ厳しい財政改革が実施され、様々な予算が削減された。

地元メディアなどによると、こうした予算削減の影響でイタリアでは道路や橋などのインフラの改修が遅れた。過去5年に橋の崩落は他にも起きていたという。

落ちた橋から約100メートルの距離にあるアパートに住む主婦マリアリータさん(52)

は、21年前に住み始めた当初から、橋の危険性を感じていたという。コンクリートの破片がボロボロと落ちてきたり、ひび割れが目立ったり。年々悪化し、ここ数年は橋を使うのを避けていたそうだ。マリアリータさんは「道路会社も政府もなぜ手を打ってくれなかったのか」と怒りをあらわにした。

橋が立つ地域の区議会議員を務めるミケーレ・パストリーノさん（43）も「橋を建て替える計画があったがなかなか進まず、道路会社は頻繁に橋の補修工事をしていた」と話す。その上で「とても残念な事故だ。日本の人にイタリアは危険だと思われないといいのだが」と話し、観光への悪影響を心配していた。強い産業がない南欧の人々を様々な形で苦しめる緊縮財政。ただ、緊縮の動きは「北」にも及んでいる。

食料配給を待つ列

最低気温が1度まで下がった２０２０年2月26日、ドイツ・ベルリン郊外。事前に案内された教会で目にしたのは、にわかに信じがたい光景だった。

この日午前、この教会では食料を無料で配るフードバンクが予定されていた。雪が舞う中、外に列をつくったのは約50人。欧州経済を牽引する、世界の主要経済国ドイツ。強い経済と並んで知られるのが、先進国でも指折りの財政の健全さだ。福祉も手厚いとされるドイツのイメージと、食料の配給を求める人々の列に大きなギャップを感じずにはいられなかった。その列にひときわ、似つかわしくない格好で並んでいたのがヘルガさん（69）だ。毛糸のベレー帽にスカーフ、赤いレインジャケット。一見、普通の高齢のドイツ人女性というイメージから、ヘルガさんの厳しい生活をうかがい知るのは難しいだろう。

ヘルガさんの年金は最低水準の月額790ユーロ（約9万5000円）で、家賃500ユーロ（約6万円）を払えば、残りはわずかだ。貯金はなく生活費を少しでも切り詰めるため、ほぼ毎週、ベルリン郊外にあるこのフードバンクに通っている。この日のフードバンクにはパンやジャガイモ、タマネギなどの食料に加え、衣類も並んでいた。

フードバンクに頼らなければならないほど、ヘルガさんの生活が苦しいのは現役時代の働き方が原因だ。子ども4人を育て、親の介護をしながら就けるのは1日4〜6時間程度のパートタイムの仕事だった。さらに離婚したことで、もらえる年金は自分の所得に応じた額だけになり、人生設計は大きく狂った。

ヘルガさんは「苦しいのは私だけじゃないので、もう受け入れている。でも、本当は自分も十分な年金をもらえる権利があるんじゃないかとも思っている」と話す。怠惰だったわけでも、浪費家だったわけでもない。働きながら4人の子どもを育てあげ、むしろ勤勉だったといえるだろう。そんな人の老後に待っていた厳しい生活の背景にあるのは、世界で指折りの健全財政を支えるために行われている、ドイツの緊縮政策だ。

金融危機時よりも深刻な高齢者の貧困

ドイツでは近年、ヘルガさんのような高齢者の貧困問題が深刻化している。地元メディアによると２０１７年、高齢者の５人に一人が貧困の危機にあった。金融危機まっただ中の２０１０年は14％だったので、その時より悪化していることになる。

フードバンクの責任者として、ドイツの貧困問題に約30年にわたり取り組んでいるザビーネ・ヴェルトさんは、その変化を肌で感じている。取材を快諾してくれ、話を聞きに行った。

ヴェルトさんは１９９３年、仲間三人とドイツ最大のフードバンクであるＮＧＯ「ターフェル」を設立。今はベルリン拠点の代表を務める。ターフェルは政府の支援を受けず、寄付金と会費で運営していて、月の収入が８００ユーロ（約９万６０００円）以下なら誰でも利用できる。食料はボランティアがスーパーなどから集めている。

ベルリン郊外のターフェルのオフィス。訪れた時間帯は、食料を積み込んだトラックがひっきりなしに行き来していた。忙しいであろうにヴェルトさんは笑顔で出迎えてくれた。だが、その柔和な表情は、ドイツの貧困の現状に話が及ぶととたんに険しくなり、政府への怒りがあふれ出した。

「ドイツの緊縮はどんどん強くなっている。政治家は貧困に直面している人のことなど気にかけていない」と、状況が悪化している背景に緊縮があると指摘した。

特に問題視するのが「ハルツ改革」と呼ばれる労働市場改革だ。当時のシュレーダー政権が、ドイツ経済の停滞の一因になっていた高失業率を改善しようと、派遣労働の規制緩和や失業給付の引き下げなどを相次いで打ち出した。背景にあったのは、失業者に対する手厚い保障や解雇がしにくい労働者保護の制度が労働市場の流動性を損ない、経済成長の足かせとなっているという問題意識だ。ドイツが誇るグローバル企業であるフォルクスワーゲンの人事担当取締役だったペーター・ハルツ氏が中心になってまとめた案に沿ったもので、「ハルツ改革」と言われる。皮肉なのは、このハルツ改革がなされたのが、ドイツ社会民主党というリベラル政権下での出来事だったことだ。

改革では失業手当と生活保護を実質的に統合した。ヴェルトさんは、これにより「手当を受けている自分は、すなわち貧困層だ」と人々が強く思うようになったと言う。そして、「自分はお金を充分持っているか、否か」ということが社会で大事になったと見る。充分なお金がなければ、生活に必要なものも買えず、社会の一員ともみなされず、社会から孤立し、孤独になる。「お金の問題より、ドイツ社会がこうした思考になったことの方が深刻だ」と話す。

ハルツ改革の評価は大きく分かれる。ＥＵの行政機能を担う欧州委員会は、失業者が大幅に減ったことなどから、「大きな雇用効果を生み出した」とする。強いドイツ経済の復活に重要な役割を果たしたという評価は多くの専門家の間で一致している。

一方で、失業者が得た仕事の質を問題視し、批判的に捉える見方もある。月の収入が４００

ユーロ以下の「ミニジョブ」と呼ばれる仕事や、派遣労働も増え、ＯＥＣＤの調査ではハルツ改革後、ドイツの経済格差は拡大した。

ヴェルトさんが指摘するのは、１９９０年の東西ドイツの統合後の社会の変化だ。旧西ドイツに比べ、経済的に貧しかった旧東ドイツで生まれ育った人々には、いまだに劣等感を抱いている人が少なくないという。統合後の経済成長の恩恵を多く受けたのは、すでに西ドイツで安定した仕事に就いていたり、ビジネスを展開していたりした人々だった。旧西ドイツ地域に比べ、旧東ドイツの地域の人々の所得は今も低く、失業率は明らかに高い。ヴェルトさんは「東ドイツ出身の人々は今も、自分たちを完全な敗者だと感じている」と語る。

ドイツの東西統一にかけた希望を裏切られた人々、社会保障改革で取り残された人々をさらに苦しめているのが、ギリシャ危機をきっかけにドイツが欧州で主導した緊縮財政だ。ハルツ改革以降、少子高齢化が進んだこともあり、年金の給付水準は下落傾向が続いている。公的な支援に頼る弱者ほど緊縮の負の影響が大

ドイツ最大のフードバンク「ターフェル」のベルリン拠点で代表を務めるザビーネ・ヴェルトさん。2020年2月

きいのは言うまでもない。ヴェルトさんは「ドイツのために30年、40年働いた後、人目をはばかりながら、フードバンクに行き、助けを求めなければならない人々がいる。彼らは、社会に、政治にただ失望しているのです」と話す。ヴェルトさんが最近、日々、フードバンクに来る人々から強く感じているのは、爆発しそうな不満、ストレス、いらだちだ。

最後にこんな質問をしてみた。今でも多くの日本人はドイツに対し「強い経済があり、人権に配慮し、豊かな国」というイメージを持っているが、そのことをどう思うか。ヴェルトさんは相づちを打ちながらこう答えた。

長い時間で考えてみると、ドイツはいろいろな姿を世界に示してきました。貧するとはどういうことか、よい国になるとはどういうことか、経済を強くするにはどうすればいいか。特に第二次世界大戦後、ドイツはいい時間を過ごしたと思います。でも、ベルリンの壁の崩壊後、変わってしまいました。確かにいまだに経済は強いです。だから、日本の人々がそういうイメージを持つのは間違ってはいないと思うけど、貧困層がないがしろにされ、我々フードバンクが大きな役割を果たしている現実があります。よかった頃のドイツに戻るのはもう、とても難しいと感じています。

インタビューを終え、オフィスの外に出ても、食料を運ぶターフェルのトラックは忙しそうに出入りし続けていた。ヴェルトさんの言うドイツの現実は、一見するだけでは分かりにくい。それだけに、解決も容易ではないと改めて感じた。

なぜ、ドイツが緊縮？

健全な財政に強い経済。豊かなドイツがなぜ緊縮をするのか。その答えを求め、私は経済の専門家に話を聞きに行くことにした。取材に応じてくれたのは、ドイツのシンクタンク「ドイツ経済研究所（ＤＩＷ）」のマルセル・フラッシャー所長だ。かつて、ＥＵや国際通貨基金（ＩＭＦ）とともにギリシャに緊縮策を迫った欧州中央銀行（ＥＣＢ）で働いていた経験もある。経済の優等生である自国のドイツのみならず、競争力で劣る南のギリシャやスペインなどの経済状況にも精通したエコノミストだ。フラッシャー氏が指摘したのは、複雑に絡み合うドイツの緊縮の構造だ。

ドイツを緊縮国家たらしめているのは、（憲法にあたるドイツ基本法に２００９年に導入された）「債務ブレーキ」制度です。連邦政府の構造的財政収支の赤字を名目国内総生産（名目ＧＤＰ）の０・35％までに収めないといけないルールで、政府も自治体も実質、財政が均衡するよう常に厳しい制約が課せられています。債務ブレーキに代表されるように、過去30年にわたる財政縮小で、自治体には投資プロジェクトを立案したり、橋をつくったりするために必要な技術者がいなくなりました。政府はこの数年、自治体に「お金を使って」と呼びかけましたが、もはや、それができる体制は失われてしまったというのが現実です。これを元に戻すには長い時間がかかります。

この2009年の「債務ブレーキ」制度の導入を行ったのは、第一次メルケル政権だった。メルケル氏は、ドイツの中道右派の政党・キリスト教民主同盟の党首（当時）だが、債務ブレーキを導入した第一次メルケル政権は、このキリスト教民主同盟およびキリスト教社会同盟（中道右派の地域政党）に加えて、中道左派のドイツ社会民主党との大連立で発足したものである。つまり、この法案は保守派、リベラル派を含めた中道政党全体の連携によって成立したという経緯がある。

シュレーダー政権下のハルツ改革、そしてメルケル政権下の債務ブレーキ制度の導入に至る「過去30年にわたる財政縮小」の傾向は、ドイツの主流派中道政党全体の大きな流れの中で見るべき事柄である。フラッシャー氏はさらにこう続ける。

より大きな問題は民間部門にあります。ドイツの経常収支（2019年）はGDP比で7・6％の黒字ですが、このうち政府部門は1・6％に過ぎず、残りは企業、家計部門が占めます。ドイツは緊縮国家といわれますが、重要なのは政府ではなく、民間なのです。

ただ、企業もお金を貯めようとしているわけではありません。使いたいのに使えないのです。企業がその理由に挙げるのは、硬直的な官僚主義、複雑な法律で、投資に時間がかかりすぎることです。熟練した労働者も不足し、デジタルインフラも貧弱で、民間投資の大きな壁になっています。

政府の緊縮気質が民間に波及し、それが国全体に及ぶ。長期にわたって繰り返された緊縮スパイラルを逆回転させるのは容易ではないだろう。フラッシャー氏は家計部門にも問題があるという。

ドイツ人は貯蓄好きとして知られますが、それは統計でも裏付けられています。重要な要因を二つ指摘したいと思います。一つは人口動態です。ドイツは日本と同じように高齢化社会です。50歳や55歳の人は老後に向けて貯金すべき時だと思うでしょう。ドイツでもこうした人が増えています。もう一つは極めて大きな富、収入の格差です。たくさんの資産を持っている人ほど、貯蓄性向が高くなっています。高所得者は貯蓄率も高いのです。これが家計部門の貯蓄超過の主因です。

一方で、４割の家計は全く貯金がありません。貯金ができないのです。収入が少なく、生活していくために毎月、お金をすべて使わざるを得ないのです。とりわけ厳しいのは高齢者です。多くの高齢者は預金がなく、企業年金にも入っていません。ドイツ人で企業年金に入っているのは二人に一人です。

ドイツのフードバンクで見た光景、ターフェルの事務所で聞いた話が思い出される。まじめで勤勉で経済的にゆとりがあるドイツ人像は今も間違っているわけではないが、一方でそのイメージとは大きく異なり、日々のやりくりに苦しんでいる人が増えている。フラッシャー氏は、ドイツの高い競争力を支えている労働市場にも問題があるという。

ドイツ特有の労働市場も、貧困問題を深刻にしている一因になっています。ドイツには異常なほど多くのパートタイム労働者がいます。特に女性の割合が高いのですが、低収入である人がほとんどです。ドイツの労働者の22％は、収入が中央値の6割に満たない低賃金の仕事に就いていています。こうした人々の多くは、年金の基準額がもらえる、33年以上の勤続という条件を満たしていません。解雇されやすかったり、子どもや家族の世話で仕事をやめざるを得なかったりするためです。ドイツが緊縮国家と言われる背景の一つに、こうした人々の大きな不満があることを忘れてはいけません。

では、ドイツの緊縮志向は正すべきことなのか。最後にこんな質問を投げかけてみた。

多くの人々は、ギリシャ危機以降、欧州各国で実施された緊縮政策を正しかったと信じていますが、私はそうは思いません。むしろ、この10年、欧州各国の政府がお金を十分に使わなかったこと、特に公共投資をしなかったことは財政政策の大きな誤りだったと思っています。政府がお金を使わず、投資をしなかったことで、イタリアやギリシャ、スペイン、ポルトガルなど多くの国で経済危機はより深刻になったためです。ギリシャの問題はもちろん、過大な債務もありましたが、より本質的な問題は経済の構造で、そこをどうするかという議論が欠けていたと言わざるを得ません。

ＥＣＢで働き、ドイツを代表する経済シンクタンクの所長を務めるエコノミストとは思えない言葉の数々に、私は率直に言ってショックを受けた。緊縮の裏に潜む格差、貧困の問題。投資をしようにも十分にできないジレンマ。そしてこの間、ドイツがヨーロッパで主導してきた緊縮政策、ドイツと激しく対立したギリシャへの見方。エコノミストらしい客観的、論理的な分析に基づいた、弱者への温かい視点には感銘も受けた。

では、実際にギリシャに向き合っていた当事者は、当時のドイツの対応を今どう感じているのか。私は、ギリシャ危機時に財務相を務めていたショイブレ氏と関わりの深い人物に会いに行った。

ギリシャへの緊縮要求「間違いだった」

取材に応じてくれたのは、当時ショイブレ財務相の補佐官を務めていたクリスチャン・カシュトロップ氏だ。ドイツ財務省で財務官僚として要職を歴任した後、ドイツ側からギリシャ危機に対応した。OECDでの勤務経験後、ドイツ最大の財団であるベルテルスマン財団の欧州部門のトップを務めていた。

ドイツの財政政策、欧州の緊縮政策に精通したエコノミストと言えるが、何より聞きたかったのは、ギリシャ危機でのショイブレ財務相の対応だ。ショイブレ氏は当時、ドイツの象徴だった。緊縮を求められたギリシャでは、EUを主導するドイツの財務相であったショイブレ氏がヒトラーにたとえられさえしていた。タブロイド紙の漫画や街中に貼られていたポスター、ギリシャのあちこちでショイブレ氏の顔を見た。

1時間を超えたインタビューは私の予想に反するものだった。ドイツは緊縮国家で、ショイブレ氏がギリシャの緊縮計画をどのように主導したのかという話を期待していたが、いい意味で裏切られたと言った方が正しいかもしれない。財務官僚出身のカシュトロップ氏の考えは極めて興味深く、私のドイツ観を変えるには十分すぎるほどだった。ギリシャ危機へのドイツのアプローチは正しかったのか、最も重要な問いから始めることにした。

ギリシャの債務危機が起きた時、正直に申し上げると、ショイブレは当初、全く違った提案をしていました。ギリシャの危機は流動性の問題（当座のお金が足りないという問題）でないことは明らかだったからです。当初からずっと、債務超過の問題でした。ギリシャはいわば破産していたようなものです。ですので我々は、唯一の解決法は（ＥＵやＩＭＦが提案し、実現した）条件付きの融資ではなく、債務の整理だったと考えていました。実際、その問題意識のもと「欧州債務整理スキーム」の案をつくりました。ショイブレもこのスキームに反対しませんでした。

しかし、最終的にこのプランは強い権力を持つＥＣＢ、欧州委員会、大国に反対されました。その結果、ドイツ政府の上の方からも「我々はその道ではなく、他の道を行く。それはクレジット・ライン（融資枠の設定）と条件付き融資だ」と言われました。今や、ギリシャは国をよくするための追加支出を全くできていません。繰り返しになりますが、言いたいのは我々が最初考えていたのは、緊縮プログラムではなく、債務軽減策だったということです。時間は戻せないし、やり直すことはもはや不可能ですが。

ギリシャで緊縮の象徴として、非難の的になっていたショイブレ氏は当初、バルファキス氏が主張していたような債務軽減策で解決を図ろうとしていたという。やはり、ギリシャ危機への対処法は誤っていたのではないか。私がそう口にすると、カシュトロップ氏はこう続けた。

もう一つ、当時の間違いを指摘させてください。あのとき、完全に抜け落ちていたのは、弱者への視点です。経済、社会的に弱い人々のための収入を支援する基金のようなものをなぜ、EUは持つことができなかったのか。もし、ギリシャの人々などのために数十億ユーロ（数千億円）でも使われていたら、すばらしいことだったと思います。

当時の政治ムードのせいで、ドイツはたくさんの愚かな間違いをしましたが、ギリシャにも間違いがあったということも忘れてはいけません。よく、ドイツはひどく、ギリシャは犠牲になったという議論を聞きますが、ギリシャは当時、富裕層の課税に力を入れず、50％近い労働者は公務員でした。一方で、ドイツは第二次大戦後、難民を受け入れ、すべての人に大きな税負担をしてもらい、特に富裕層には重い税をかけてきました。ギリシャはこういうことをしてきませんでした。

しかし、当時、多くのドイツ国民はギリシャに緊縮を求めることを支持した。当然ながら、国民の支持がなければ、ドイツ政府も強く出ることはできない。国民の間にある緊縮を美徳とする空気の背景には何があるのか。

第一次世界大戦後に経験したハイパーインフレと、二つの大戦による戦勝国への巨額の債務が深く関係していると見ています。今でもインフレ、債務への警戒感はとても強いです。深刻な経済危機が起こった場合、いくつかの理由でとりわけ大きな打撃を受ける国があります。それはその国に起因するのではなく、グローバルチェーンや金融ネットワークが打撃を増幅させている原因であることが多いです。ギリシャもそうだったと思います。ただ、だからといって、何が起ころうと、ギリシャが望むものをあげると言えたかというのは非常に難しい問題です。

ドイツがかつて経験した敗戦による巨額の債務と、ハイパーインフレのトラウマが、ドイツ人に強い緊縮の美徳をはぐくんだとするカシュトロップ氏の指摘は、とても興味深いものだ。同時に、ここで私はギリシャの反緊縮デモで出会ったカカビキスさんの言葉を投げかけてみた。「ドイツは第二次大戦後、欧州各国の支援で復活した。ギリシャに対する今の態度は不公平だ」。カシュトロップ氏は言う。

忘れてはいけないのは、財政政策は経済だけの問題ではなく、政治の問題でもあるということです。ドイツはもっと南欧の国の経済支援をどうするかということに関心を持つべきでしたし、今からでもそうすべきです。ＥＵの巨大な市場、共通通貨ユーロのシステムからドイツはたくさんの利益を得ています。ＥＵの隣国やアフリカ諸国にＥＵに魅力を感じてもらうために、ＥＵがこうした問題に責任を持って取り組んでいる姿、ＥＵはこうした国を助けるという姿勢を見せなければなりません。財政政策は地政学にも関わる問題です。

取材メモに記した「財政政策は経済だけの問題ではなく、政治の問題でもある」という言葉に、私は二重線を引いた。ＥＵとは本来（少なくとも理念的には）、第二次世界大戦での悲劇を踏まえて、欧州国家間の協力と協調を促す「平和のための共同体」だったはずだ。そしてドイツは、東西冷戦という背景の中で、戦後復興にあたってマーシャル・プラン、ロンドン債務協定をはじめとする、様々な支援（債務軽減策）を国際社会から受けてきた。こうした観点から見た時、ギリシャを「怠け者」と断じ、緊縮を強いてきたＥＵ主要国ドイツの姿勢は、確かに「不公平」なものだと映るだろう。カシュトロップ氏はさらにドイツ国内の問題へと話を進めた。

今の最大の問題はショイブレが（入閣していたメルケル政権時代に）導入した債務ブレーキです。これは事実上、赤字をゼロにすることを推奨するものですが、運用に問題があり、ショイブレ財務相は支出削減をやりすぎました。ショイブレはギリシャ危機時の振る舞いより深刻な間違いをしたと言えます。生産性を高める投資のチャンスをつぶしてしまっています。

不幸なことにショイブレだけでなく、その後の財務相も同じようなことをしています。あらゆることを活用して、今は財政支出をするべき時なのです。過去10年を見ると、ドイツのためにするべき財政支出が賢くされなかったのは明白です。債務ブレーキを過度に守ろうとしたことが原因で、ドイツの公共支出の質は極めて低かったのです。

私は今も、たびたび政府に助言する機会があるのですが、財政政策に関して政府内には何人かの原理主義者がいます。その多くは政治思想的に左派の人です。彼らは、今は債務ブレーキルールを緩め、財政支出をすべきという我々のアイデアについて、狂気の沙汰だと批判してきます。「緊縮ルールがある。そんな考えは捨てるべきだ。なぜ、財政ルールを曲げる必要があるのか」といった具合です。

ギリシャ危機の時、各国がギリシャにお金を貸すのではなく、お金を出してあげて助け、ギリシャで危機に直面していた人々の力になっていれば……。ショイブレ氏の側近だった人物からこんな話を聞くとは思ってもいなかった私は、不思議な感情に包まれていた。危機当時、ショイブレ氏をヒトラーに重ね、ギリシャ国会前でデモしていた人々、今も緊縮で厳しい生活を強いられているギリシャの人々がこのことを知ったらどう思うだろうか。インタビュー後、何とも言えない気持ちになった。

4：リベラル・パラドックス

リベラルの矛盾

欧州で広がっていく緊縮の波。前章の最後に、私は「本来は、まさに弱者救済のための再分配を強く訴えるリベラル派の出番である」と書いた。しかし、フランス、ギリシャ、ドイツと取材を続ける中で、私に見えてきたのは、「リベラルのパラドックス」とも言える皮肉な状況だ。

カシュトロップ氏が「財政政策に関しては政府内には何人かの原理主義者がいます。その多くは政治思想的に左派の人です」と語っていたように、緊縮は決して保守派のお家芸というわけではない。すでに述べた通り、今のドイツ経済に大きな影響を与えているハルツ改革を主導したのは、中道左派で労働者のための党である、ドイツ社会民主党の党首だったシュレーダー首相である。シュレーダー首相は、GDPの3％以内に単年度の財政赤字を抑えることを求めるEUのルールを守るため、増税や社会保障制度の見直し、公務員の賃金抑制などの緊縮財政を推し進めた。

また、政権を継いだ中道右派の政党・キリスト教民主同盟のメルケル首相は、ドイツ社会民主党との大連立の中でドイツ基本法に債務ブレーキ制度を導入した。さらに、EUでも財政規律を強く訴え、主導してギリシャに緊縮策の受け入れを求めた。だが、２０１５年の難民危機の際に難民の受け入れを力強く表明し、欧州の人道主義的価値観を世界に訴えたのもまた、同じメルケル氏であった。

こうした背景の中、メルケル氏は、ギリシャのようなＥＵの南の国に位置する人々には「強硬に緊縮を押し付ける冷酷無比な政治家」と映り、力強い脱原発への舵切りやシリア難民受け入れに注目する人々からは、「欧州リベラリズムの体現者」のようにも映るという、独特の二重性を抱えた。

ドイツと並んでフランスもＥＵの緊縮路線を牽引した。もともとは中道左派の流れをくむマクロン大統領（社会党出身で現在は「再生党」〔旧「共和国前進」〕）も、社会党オランド政権で大臣を務めていた際に、ハルツ改革と似た労働規制の緩和（「マクロン法」）を行い、大統領就任後も燃料税の引き上げなどの緊縮政策を進めた。そしてその結果、２０１８年に燃料税の引き上げ反対とマクロン大統領の退陣を求める大規模な抗議運動「黄色いベスト」が引き起こされることとなった。

黄色いベスト運動は、「最低賃金の引き上げ」や「富裕層への課税強化」など様々な主張を含むものだったが、重要なのは、この運動が旧来の右派・左派の垣根を飛び越えるものであったことだ。例えば、黄色いベスト運動は、フランスの左翼政党で反緊縮を訴えるジャン＝リュック・メランション氏が支持を表明する一方、デモの参加者の中には極右政党・国民連合の支持者もいる、といった多面性を持っていた。共通するのは、（保守派・リベラル派を含む）主流派の中道政党が進める、緊縮策への拒否感だろう。

また、次章で詳述するように、「ブレグジット」旋風が巻き起こったイギリスにも同じような歴史的な背景がある。小さな政府を掲げ緊縮を進めた保守党の「サッチャリズム」を、左派である労働党のブレア首相（当時）が濃厚に継承してしまった、という皮肉な歴史は、シュレーダー政権下のドイツとも類似性を持っている。フランスでのミッテラン、オランド政権も同様だろう。

こうしてみると2000年代以降、実はヨーロッパ経済を牽引する英独仏の「リベラル政党」もまた、「新中道路線」や「第三の道」と称し、経済政策的には緊縮路線を進んできたことが分かる。リベラルを看板にしながらやってきたことは、対立するはずの保守系の中道政党が率先して取り組んできたこととあまり変わらなかったということだ。

フードバンク「ターフェル」のヴェルトさんが、柔和な顔を険しくして非難したシュレーダー政権下のハルツ改革、そしてワールプール社の工業労働者たちが厳しい批判を浴びせたマクロン大統領が行った、労働市場改革などはその一例である。共に、本来格差を是正し、社会の公正さを重視するはずのリベラル政党が、それと逆方向に舵を切ってしまったことへの怒りである

欧州では、この数十年の間にこうしたことは何度も起こっている。緊縮という呪縛は、もは

や保守政党・リベラル政党を問わずに、世の中を覆ってしまっている。少子高齢化で社会保障費が膨らむ一方、低成長時代が続く先進国で、主流政党が見出した回答が揃って緊縮以外になかったということだろう。

もちろん、緊縮によって国債の金利上昇を抑えたり、財政状況を改善させたり、経済の競争原理を強めることで経済成長に寄与したりしたという効果はあった。だが、こうした恩恵にあずかれず、強まった競争に振り落とされるという不安を持った人々には、どう映ったか。（本来、自分たちの味方だったはずの）リベラル派に裏切られたと感じる人が増えるのも自然なことだろう。

こうした緊縮は各国レベルにとどまらず、ＥＵレベルでも行われた。格差は国内だけではなく、ＥＵ各国間にも北と南の格差として広がっている。今や、欧州には国内と国外の二つの「南北問題」があると言ってもいい。その遠因に横たわっているのは、「緊縮」という大きな問題である。私たちは、こうした分断をどう考えればいいのだろうか。

庶民階級の左派離れ

ベストセラー『20世紀の資本』の著者で、フランスの経済学者トマ・ピケティ氏らの研究チームは、１９４８年から２０２０年の間、約50の国で有権者の投票行動がどう変化していったのかを調査した。その調査は『バラモン左翼 vs. 商人右翼：政治の亀裂と社会の不平等』（未邦訳）などのいくつかのワーキングペーパーとして発表されているが、その中で、１９８０年代以降、欧米の左派政党の支持基盤は庶民から高学歴者に変化している、という結果が明らかになった。ピケティ氏は、フランス誌「ロプス」のインタビューに対し、こう語っている（「クーリエ・ジャポン」ウェブサイトに「欧州の左派政党は庶民ではなく、もはや高学歴者のための政党となった」と題して、邦訳が掲載されている）。

１９５０～80年の間には、西側の民主主義国の大半では、庶民階級が社会民主主義の政党に投票し、「ブルジョワ」階級が保守政党に投票していました。学歴、所得、資産のどの基準を用いて「庶民階級」を定義しても、同じ結果が得られたのです。大卒者は高卒者よりも保守政党に投票することが多く、高卒者は中卒者よりも保守政党に投票することが多いといった具合です。

この構造が、西側諸国のどの国でも共通して見られました。（中略）

１９８０～２０２０年になると、徐々にこの投票行動に変化が生まれます。社会的に恵まれた階級と庶民階級の双方で分裂が起きたのです。社会的に恵まれた階級においては、所得が最も高い層が右派政党を支持し続けたのに対し、学歴が最も高い層は左派政党を支持するようになりました。

（「クーリエ・ジャポン」２０２０年5月1日付け）

かつて社会民主主義政党は、所得が低かったり、十分な学歴を得られなかったりする庶民階級の利害を代表していた。しかし、時が経つにつれ変質していき、庶民階級の利害を代表するものではなくなっていったのだという。

１９９０年代には、金融市場の規制が緩和され、資本の移動が自由になりましたが、そのような規制緩和を税制も調整せずに、徹底的に推進したのは中道左派の政党でした（米国ではクリントン政権時代の民主党、英国ではブレア政権時代の労働党、ドイツではシュレーダー政権時代の社会民主党、フランスではミッテラン政権時代の社会党）。それゆえに中道左派政党は、グローバル化の勝ち組になった人の政党とみなされるようになりました。

フランスの社会党の場合、１９８１年に実施した国有化や社会保障拡充などの政策がうまくいかず、新しい政治的アイデンティティを探していたときに採用したのが、欧州統合や欧州単一通貨の構想でした。本来なら再配分をするための税制や社会的な政策を整えてから、モノとカネが自由に動く欧州を作るべきだったのですが、そうしなかったので、社会の格差が広がりました。（同前）

ピケティ氏によれば、1980年以前の欧米では、庶民は左派を支持し、学歴が最も高い有権者の圧倒的多数は右派を支持していたが、左派が掲げていた再分配政策の規模が小さくなったことで、庶民の左派離れが起きたのだという。その結果、残った支持層は、グローバル経済の競争がむしろプラスに働き、緊縮の影響も少ない高学歴エリートになった。そして、そうした支持層の変化を受けて、中道左派政党の政策内容も、より高学歴層向けのものに変質していくという相互作用が生じてきた。

ピケティ氏は今の左派の支持層（高学歴エリート）を、インドのカースト制の司祭《バラモン》（知識人）階級になぞらえ、皮肉を込めて「バラモン左翼《レフト》」と呼ぶ。対して、相変わらず保守派を支持している富裕層、ビジネス・エリートたちを「商人右翼《マーシャル・ライト》」と呼んでいる。重要なのは、中道右派（保守政党）、中道左派（社会民主主義政党）ともに、主流政党の主要な支持層が、社会的に恵まれた階層（高学歴層と富裕層）に偏ってしまっているということだ。こうした状況が続く中で、庶民階級は自らの利害を代表してくれる政党を見失い、「西側諸国全体で庶民階級の投票率が急落」するようになったという。

ピケティ氏は続けて、「投票をやめなかった庶民階級の間では、移民の問題、米国では人種問題をめぐって分裂が起きました」と指摘する。例えば、米国では庶民階級の黒人やラテン系住民が民主党に投票する一方で、低学歴層の白人は（トランプなどの）共和党へ投票するようになった。1980年代以前には、ともに民主党に投票していた支持層が二つに分裂してしまった形だ。さらには、ヨーロッパの労働者階級の白人も、フランスの国民連合のような極右政党に投票することが多くなったという。

これは私のこれまでの取材や肌感覚とも極めて一致する指摘だ。この記事を読みながら、私の耳の奥では、バルファキス氏のあの言葉が鳴り響いていた。

我々は違いこそあれ民主主義者だ。もし私たちと衝突すれば、次にあなたたちが対峙しなければならなくなるのは、ＥＵを壊そうとする独裁主義者だ。

ピケティ氏の記事では対立構造が複雑になっているが、背景はシンプルだ。すなわち、誰が自分たちのことを気にかけ、救おうとしてくれているのか？　庶民階級の投票行動は、このある意味で単純な動機に基づいている。リベラリズムの存在意義が強く問われる場面だが、リベラル派が答えを出すのは簡単ではないだろう。次章は、そうした状況を象徴的に表した、イギリスのＥＵ離脱について詳述したい。

第4章

ブレグジットの背後にあるもの

取り残された人々の怒り

1：英国民の怒り

さよならEU

２０２０年1月29日夜、ベルギーの首都ブリュッセルにある欧州議会は奇妙な高揚感に包まれていた。この日、議会ではイギリスのＥＵ離脱の最終ステップである離脱協定案の採決が行われていた。議場では賛成６２１、反対49と、事前の予想通り圧倒的多数の賛成で、協定案は可決された。議場では双方の議員が英国の離脱を惜しんだり、今後も良好な関係を築くことを呼びかけたりする演説を繰り広げた。最後のセレモニーでは、日本人でもなじみがある「蛍の光」の原曲であるスコットランド民謡「オールド・ラング・サイン」が流された。

議場を取り囲むようにしてある2階の傍聴席に設けられた取材用のスペースで、私は曲が流れる間、歴史的な瞬間を逃すまいとカメラのシャッターを切り続けていた。「蛍の光」は日本では卒業式でよく歌われ、別れの曲というイメージが強い。

だが、原曲は少し違う。「オールド・ラング・サイン」は「遥か遠き昔」の意味。歌詞は「我が友よ、過ぎ去りし懐かしき昔のために友情の杯を酌み交わそう」といったふうに、古い友人同士が懐かしい思い出をしのび、変わらぬ付き合いを喜び、長い付き合いを祈って杯を交わそうといった内容だ。スコットランドでは新年を迎えた瞬間や結婚披露宴、誕生日のパーティーなどで歌われている。

議場でこの曲が流れ始めると、議員たちは隣の議員と肩を抱き合い大きな声で歌い始めた。英国旗とＥＵ旗をモチーフにしたスカーフを掲げたり、目に涙を浮かべたりする議員の姿も見えた。一方で、こうした感傷的な雰囲気と一線を画し、英国旗を振り、ＥＵ側を挑発するような態度を見せる英国側の議員もいた。その代表的な議員の一人が、英国のブレグジット党の党首で、欧州議会議員でもあるナイジェル・ファラージ氏だ。ブレグジット党（旧「英国独立党」）は、ＥＵ離脱を問う２０１６年６月の国民投票で、離脱という結果に大きな影響を与えたとされる。その後の２０１９年５月の欧州議会選挙では、英国分の議席を最も多く取り、与党保守党を抑え、第一党になっていた。

支持者に語りかけるブレグジット党のファラージ党首。イギリス・クラクトン。2019年4月24日

この日の演説でファラージ党首は「英国の離脱を機に、自分たちが欧州に何を求めるのか、欧州全土で議論が始まって欲しい」と改めてＥＵを批判。議場で「オールド・ラング・サイン」の大合唱が響く中、英国旗を振りながら、仲間の議員とともに意気揚々と退

場していった。その後、「英国旗を持って去るように言われた。これこそ、まさに我々が成し遂げたことだ」とツイッターに投稿。「ここまで来てしまったことを思うと、悲しみは深い」と採決後に語ったダヴィッド・サッソーリ欧州議会議長の言葉とは、あまりに対照的な言動だった。

手続きを終えた英国はこの2日後の31日、EUから脱けた。1952年にEUの前身「欧州石炭鉄鋼共同体（ECSC）」が発足して以来、一貫して拡大を続けてきたEUから加盟国が減るのは初めてのことだ。欧州統合史の岐路になった英国離脱の背景に何があったのか。英国で何が起きていたのか。この章ではそこに迫りたい。

英国第二の都市から見える福祉国家の荒廃

EU離脱を半年後に控えた2019年9月、私は英国第二の都市バーミンガムで、英国の地方が置かれている想像を絶する厳しい現状を、まざまざと見せつけられていた。

私が頼ったのは、この地で約30年にわたり、自治体のソーシャルワーカーとして働くエディー・オハラさん（55）だ。ソーシャルワーカーは、様々な理由で日々の生活に問題を抱えている家庭を助ける仕事である。日本では社会福祉士などが担っている役割で、生活保護など様々な制度の相談に乗ったり、自治体の窓口に一緒に行き、申請を手伝ったりする。英国で生活に苦しむ人々に、長年寄り添ってきたオハラさんの話から感じられたのは、強い怒りだ。

私は１９８９年にソーシャルワーカーの資格を得ました。それ以降、私は英国という福祉国家が徐々に解体されていく様子を目の当たりにしてきました。医療、公共住宅、教育、介護制度、人々の給与、様々な公的給付、そのどれもが悪くなっていったのです。

こうした現象は、最近の緊縮財政とともに始まったわけではありません。数十年前から始まり、緊縮を加速させているのです。政治が大きく変化したのは１９８０年代から。変えたのはサッチャー首相です。サッチャー就任以降、お互いを助け合うコミュニティも家族もなくなり、人々はただ一人一人の個人になってしまったのです。民営化の旗のもと、福祉国家の概念が壊されました。人々の不満がブレグジットにつながったとするなら、それは最近の話ではないのです。

オハラさんは、ブレグジットはこの数年の状況がもたらしたものではないと言う。源流をたどっていくと、行き着くのは日本でも「鉄の女」として知られるマーガレット・サッチャー氏だ。彼女が英国、そしてバーミンガムにもたらしたものは何なのか。彼の話に耳を傾けた。

バーミンガムは産業と貿易の街です。１２０万人が住み、約１００人の地方議員がいて、10人の国会議員がいます。しかし中央政府から分配される市の予算はこの10年で４割削減されました。私が市の仕事を始めた時、有給の職員は2万4000人いましたが、今では1万3900人です。計画ではさらに9000人にまで減る予定です。そうなると、地方政府が66％も小さくなることを意味します。

この5年で警察官は4000人も削減され、多くの警察署が閉じられました。騎馬に乗った警察官も、水難救助チームも、もはやバーミンガムにはいません。もし必要になったら、近隣の自治体にお金を払ってお願いするしかないのです。（ボリス・）ジョンソン首相（当時）は警察サービスに予算を割くと言っていますが、もはや手遅れです。ここには、働ける警察官自体がもういないのですから。

緊縮で破壊された地方自治体の機能。だが、こうした流れをつくっているのは、右派の保守党ばかりではないという。「最近、バーミンガムであった選挙で、リベラル派のとても若い女性が当選しました。しかし、驚くべきことに彼女は保守党と一緒になって病院の閉鎖、高い学生ローンなど、たいていのリベラル派からすると、理にかなっていない政策に賛成したのです」とオハラさんは語る。サッチャー政権以来の緊縮志向は、もはや国全体を覆うムードのようなものになっていて、「こうした空気が政治レベルで広がる中、バーミンガムでは今や9割もの市の建物が空っぽに」なってしまったのだという。

減っているのは警察官の数ばかりではない。行政サービスはあらゆる部門で規模の縮小や閉鎖を余儀なくされ、その機能の多くが民営化されたり、外部のＮＰＯなどに委譲されたりしている。

特に顕著なのは福祉分野です。この20年間、政府がネオリベラル的なアプローチで民営化を進めてきた影響が強く出ています。親子が訪れ、支援を受けられる福祉サービス施設の４分の３が、一夜にして閉鎖されました。正気の沙汰ではありません。

私が働いていた子どもや家庭を支援する部署は、職員がすでに30年前の４分の１になっています。市が以前担っていた貧困対策の仕事はすべて、慈善団体に移っています。市の福祉サービスが、貧困の予防活動に割ける時間はほとんどなくなってしまいました。バーミンガムには支援すべき子どもが１９００人いますが、もはや、家族を支援する職員も、問題を未然に防ぐための職員もいないのです。

かつては様々な給付のためのオフィスがあり、そこで冷蔵庫や机を買うための給付金やバウチャー（クーポン券）を渡していました。20年前、政府はこうしたオフィスを閉じました。60あった若者のための「ユースセンター」も今では30まで減りました。若者による暴力が増え、バーミンガム北部が危険なエリアになっていることと無縁ではないと思っています。

ソーシャルワーカーのエディー・オハラさん。
イギリス・バーミンガム。2019年9月19日

こうした福祉分野の縮小は、イギリス社会に大きな分断を招いている。オハラさんはバーミンガム北部が「危険なエリア」になってしまったと嘆いているが、市の東西にも大きな地域格差が広がるようになったという。この間、多くの福祉事務所が閉鎖され、残った事務所は市東部（郊外）に移転させられた。その結果、「小さい子どもがいる家庭にとって、中心部から2時間以上もかかる郊外の施設に行くことは至難の業」となってしまった。また、オハラさんによれば、「英国では、風向きの関係から西側が『ポッシュ（高級）』な地域とされていて、工場が建つのは逆の東。西から東に吹く風によって工場の煙は、高級エリアに行かないようになっている」のだという。

緊縮のしわ寄せを受けているのは、経済的な弱者だ。特にオハラさんが問題視するのは若者世代、そして子どもへの影響だ。

バーミンガムには46万人の子どもが暮らしていて、若い世代が多い都市として知られます。しかし、もっとよく知られているのは、こうした政策の結果、若年世代の30％が貧困に苦しんでいるという事実です。東部では若者の約40％が貧困に苦しんでいます。イギリスの貧困率上位20地域のうち3地域がバーミンガムにあります。見過ごせない問題は、子どもたちの健康です。ここでは、子どもたちの肥満と、乳児死亡率が最悪レベルなのです。これは貧困問題と密接に関わっています。

新しくつくった図書館の話は象徴的です。オープンして1カ月で、週に3日閉館しなければならなくなりました。運営するための職員を配置する余裕がないからです。土曜日に図書館に来た子どもたちは、閉館していて中に入れませんでした。立派な建物、職員なし、何てすばらしい施設でしょう！　数万人の子どもが通っているある学校は、中心部のこの図書館に来るためのコーチ（イギリスでのバスの呼び名）の代金を払う余裕すらありません。

行政による支援が細り、生活に余裕がない家庭が多くなる中、人々にはある変化が起きているという。

ある女性が、私に言った言葉が忘れられません。「エド、私はすべての子どものことに関心なんてない。気にかけているのは、ただ私の一人の子どものことだけ」と。私は「お互いを支え合う社会になれば、あなたの子どもにだって恩恵がある。あなたの子どもが遊んだり、友達になったりするのは、同じ社会にいる他の子どもなのだから。社会のすべての人を見捨ててはいけない」と反論しました。

英政府は、「給付から労働へ（From Benefits to Work）」というスローガンを掲げています。かつてあった、仕事を失った人のための生活支援と位置づけられていた生活保護の制度はなくなり、病気の人、障害を持つ人も対象にした一つの給付制度「ユニバーサル・クレジット」になりました。

給付制度の変更とともに、おかしな認識が人々の間に広まりました。貧しい人々のやる気を起こさせるために給付を少なくして公的支出を減らし、富裕層のやる気を起こさせるための政策に公的支出をもっと増やすというものです。その結果、ユニバーサル・クレジットは極めて不平等なものになりました。失業者を労働市場に戻すという問題の解決にも全くつながっていません。

「ユニバーサル・クレジット」は今のイギリスの福祉制度の柱の一つだ。失業者の労働市場への復帰を促したり、行政コストを減らしたり、プラス面を指摘する専門家も少なくない。一方で、「求職活動を積極的にしていない」と判断されれば支給を止められることも容易になった。

支給停止を恐れた受給者が、割に合わない低賃金の職に就き、「ワーキングプア」が生み出される構図をつくったともされる。

私の感覚では、マクロの観点でこの制度を見る人はおおむね高評価をし、ミクロの視点で捉える人――特にこの制度を利用する立場になるなどした人――は批判的だ。オハラさんの指摘は、まさにこのミクロの視点の典型だろう。


今日の公的制度は入念に設計されているという人もいるでしょう。確かに書類上はいい考えです。給付制度のために、かつて我々はあまりに多くのエネルギーを割いていましたから。一つの給付制度にするというのはそうした点では、意味をなします。

しかし、運用に著しい問題があります。公務員は減らされ、システムはより複雑になりました。給付を受けたいと思っても、パソコンを持っていなければどうにもなりません。本来、こうした時にサポートしてくれる施設は閉鎖されているのです。パソコンを使えたとしても、システムの複雑さゆえ、給付を受けるまでに長い時間がかかり、たくさんの人が格闘し、疲弊しています。

ユニバーサル・クレジットによるセーフティネットには、大きな穴が開いています。給付を受け取る権利があるのに、受け取れない人が大勢います。しかし、政府はこう言うのです。「給付を受け取る人の数は減っている。政策が成果をあげ、制度がうまく機能している証拠だ」と。現実を全く見ていません。適切な職はほとんどなく、あるのはパートタイム、もしくは「ゼロ時間契約（週あたりの労働時間が決まっておらず、雇い主が求める場合だけ働く雇用形態）」の仕事ばかりです。

この緊縮の流れを加速させたのは、リーマン・ショックだという。金融危機後、財政健全化のため、公的支出が削られ、本来なら公的支出の恩恵を多く受ける弱者にしわ寄せがいった。

保守党が政権を取った2010年以降、状況はさらに悪くなりました。保守党は歴史的に産業界寄りで、特権や現状を守る党ですから。彼らは2008年のリーマン・ショックを契機として、公立学校や公立病院、道路の予算を削り、富裕層のために使い始めたのです。市場主義に走ったことで、不平等が加速しました。

イギリスが民主主義の理想の国というのは、もはや幻想と言っていいでしょう。何百人もの子どもがお腹を空かせたまま登校し、お腹を空かせたまま帰宅しているのです。

小さな政府志向が強い保守党が、リーマン・ショックを機に財政縮小路線を選んだのは自然なことだろう。では、左派の労働党はどうか。緊縮により人々の間に自己責任論が広がっている中、リベラル政党の看板の一つであるべき格差の縮小を訴え、支持を広げるチャンスである。

こうしたひどい状況なのに、労働党の支持は広がっていません。労働党はブレア政権下で右傾化し、むしろ緊縮路線を取り、かなりの支持者が離反しました。今、（ジェレミー・）コービン党首は格差の是正を訴えていますが、あまりうまくいっていません。理想を求めすぎる、原理主義的な左派の政治家だからでしょう。例えばブレグジットです。コービンは、もっとシンプルに、「経済的弱者のために、ＥＵ離脱に反対する運動をする」と言うべきだったのです。でも、彼はそうしなかった。ＥＵが極めて不完全な組織だというのが理由です。でも、そんなことはＥＵ支持者の私でも分かっています。我々が求めているのは、ポジティブな変化で、大きな変化ではないということが理解できないのです。

オハラさんへのインタビューは、集合場所に指定されたバーミンガム市庁舎の前から始まった。歩きながら、予算削減で空っぽになった市の建物を案内してもらい、新しく建てられた図書館にたどり着くまで、２時間以上に及んだ。現状を何とかしたい、次から次へと伝えたい問題があるという感じだった。

サッチャーから始まった福祉国家解体

オハラさんの話を補足するため、ここで英国のこの40年の経済を少し概観したい。

保守党初の女性党首だったサッチャー氏が首相になったのは1979年。石油危機による物価高騰、高失業率に加え、「英国病」と呼ばれた戦後の慢性的な経済停滞に、英国は悩まされていた。サッチャー氏はその理由を、財政支出を拡大し、経済活動に積極的に関与する「大きな政府」に求めた。特に第二次大戦後につくられた、「ゆりかごから墓場まで」と言われた世界でも類を見ない手厚い福祉制度に問題があると主張した。

そのため、国民に自助を訴え、公的給付を減らした。労働市場改革に乗り出し、教育にも競争原理を持ち込み、「小さな政府」を目指した。高級車メーカーのジャガーなどを傘下に持つブリティッシュ・レイランド（BL）、航空機エンジン・メーカーのロールス・ロイスなど国有企業を次々と民営化。石油企業のブリティッシュ・ペトロリアム（BP）に対する3割超の政府の持株も放出した。反対する労働組合のデモを警察力で押さえ込んだサッチャー氏は、「鉄の女」と呼ばれた。市場に多くをゆだね、競争を促したこうした政策を推し進めた政権は以後、「新自由主義」の象徴として捉えられるようになった。

サッチャー改革の結果、激しかった物価上昇は抑え込まれ、財政収支は改善した。企業間の競争が活発になったことで、経済も次第に活力を取り戻し始めた。サッチャー氏就任3年後にマイナス成長を脱し、3～5％といった成長を実現した年もあった。

一方で、国民のセーフティネットは細り、格差は拡大した。サッチャー氏の政治思想を表す象徴的な言葉がある。「社会といったものはない。あるのは個人と家族である。政府でさえ、個人を通じなければ、何もできない。人々はまず自分のことは自分で何とかしなければならない。その次に『私たち』、隣人の世話をするのが務めである」（英国の高級紙「ガーディアン」での発言）。オハラさんが「お互いを助け合うコミュニティも家族もなくなり、人々はただ一人一人の個人になってしまった」と捉えるゆえんの一つだ。

サッチャー氏の後を１９９０年に継いだジョン・メージャー首相も、小さな政府路線を継承した。民間の資金やノウハウを公的インフラなど社会資本整備に活用した「プライベート・ファイナンス・イニシアティブ（ＰＦＩ）」や、刑務所や高速道路の管理など行政サービスの一部を省庁から切り離す「エージェンシー制度」などを推し進めた。

しかし、長く続いた保守党政権も１９９７年の総選挙で大敗し、終わりを迎える。歴代最年少の43歳で首相になったトニー・ブレア氏が率いる労働党政権が誕生した。

「第三の道」は救いか

ブレア氏が訴えたのは、伝統的な左派でもなく、新自由主義的な右派でもない「第三の道」だった。これは今もある「右か左か」の対立をどう乗り越えるのか、という論争と深く関わる政治主張だ。ブレア氏自身が「第三の道」について説明した、「朝日新聞」への寄稿から一部を引用する。

「第三の道」とは、現代的な社会民主主義を、刷新と成功に導く道筋である。左と右の間の単純な妥協ではない。中道と中道左派の本質的な価値観を取り入れ、世界の根本的な社会、経済の変革のために適用するよう模索しているのである。（中略）人々は、指導力を求めている。どうやって（時代に）適応し繁栄するか、この流動的な世界でどのように安定と安全を築いていけばいいいか、を知りたがっている。

政府の統制、重い税、生産者を重視する旧来の左や、偏狭な個人主義であるとか、自由市場がすべての問題への答えであるかのような信念を擁護する新たな放任主義の右といった時代遅れの考えを超えて果敢に行動すべきことを知っている。

「第三の道」は、中道左派の中からの新たな出発に注目する。二十世紀の左は、政府の統制それ自体を最終目的にした左派原理主義者と、この路線を承認しながら妥協を好む中道左派の二派によって支配されてきた。「第三の道」は、中道左派における社会民主主義と自由主義の大きな二つの流れから、活力を引き出そうとする。今世紀における二つの潮流の分離は、西側の政治的な進歩を著しく弱めた。（中略）大きな政府、国営化、反企業、犯罪に対する弱腰、家庭生活への無関心、圧力団体のいいなり、増税、あらゆる方面での公的支出指向――長年にわたり野党だった英国労働党は、不当にもそう見られてきた。

私たちはまた、公共サービスの下手な管理者で、労働組合や財界の指図で動き、サービスの選択や種類に、あまりにむとんちゃくだと思われてきた。一方、右派は、民営化や自由市場を普遍的な解決策にできた。

（「朝日新聞」１９９8年9月21日付け）

言葉遣いは難しいが、要はこういうことだ。これまで労働党は、旧態依然とした社会主義を目指す古い左翼の勢力と、それをもう少し穏健にした社会民主主義の勢力に規定されてきた。これを刷新し、新しい時代に合った政党になるためには、社会民主主義と市場主義のベストミックスをしてうまく融合させる必要がある。こうして、ブレア氏はまず「右派は、民営化や自由市場を普遍的な解決策にできた」と、18年続いた保守党政権の政治を一定程度評価する。その上で、「第三の道」は「中道左派の中からの新たな出発」であると述べる。

経済の側面からみれば、私たちの手法は自由放任でも、国家干渉型でもない。マクロ経済の安定性向上、依存ではなく自立を促す税・福祉政策の推進、教育水準向上やインフラ整備を通じた国民の労働能力養成、特に未来型知的産業の育成。それが政府の役割だ。私たちの政策が、労組のみならず、経営指導者からも支持されていることを誇りに思う。（中略）福祉・雇用政策では、「第三の道」は、可能なかぎり職を生み出すような社会保障の改革を意味する。労働意欲をなくすような税を減らすことで雇用創出し、公平な労働基準を作り出す。

（同前）

「自由放任」でも「国家干渉型」でもない「第三の道」をとると述べながら、具体的に主張している政策は新自由主義的な傾向のものが大半を占める。「依存ではなく自立」「経営指導者からも支持」といった言葉の並ぶブレア氏の寄稿から感じられるのは、保守党への憧れとも言える思いだ。

ブレア氏が訴えた「第三の道」を提唱したのは、社会学者のアンソニー・ギデンズだ。ギデンズは、著書『第三の道』で、克服すべき「5つのジレンマ」として、①グローバル化の進展、②個人主義の拡大、③左派、右派の区分、④政治のあり方、⑤環境問題を挙げている。こうしてみると、この問題意識は、今先進国が直面している課題と共通するものが多い、ということに気づかされる。

それだけに、「第三の道」路線はその後、各国に広がった。ドイツのシュレーダー首相が掲げた「ノイエミッテ（新中道）」、イタリアの中道左派が結集した政治連合体の「オリーブの木」などだ。経済の成長と社会保障の充実の二兎を同時に追うという意味では、岸田政権が掲げる成長と分配を強調した「新しい資本主義」とも重なる、と言えるかもしれない。

しかしすでに述べたように、ブレア氏の「第三の道」は、リベラル派内の分裂の主因になっている所得の再分配の問題の答えにはならなかった。理由は単純だ。保守党が進めてきた緊縮路線の多くを継承してしまったからだ。

実際にブレア政権が実行したことを見てみよう。

雇用政策では、「福祉から就労へ（Welfare to Work）」を掲げ、雇用促進策「ニューディール」を導入。失業手当を受給する失業者に対し、就労などの義務を課して勤務経験を積ませ、労働市場に早期に戻らせることで、失業の長期化を防ぐことを狙った。社会保障の面では、無料で医療を提供する国民保健サービス（NHS）の予算を増やし、病院、職員の数を増やした一方、一部の病院を法人にしたり、サービスの民間部門への委託を進めたりして競争原理を持ち込んだ。産業政策は、金融業を中心に海外から積極的に投資を呼び込もうとした。金融が経済を牽引し、安定的な経済成長と失業率の低下につながったが、不動産価格の高騰を呼び、格差も拡大した。

振り返ってみれば、結局ブレア氏の言った「第三の道」とは、左派政権が右派的な政策を実行することだったと言えよう。もっとも、これは社会民主主義と市場主義のベストミックスを図る、という課題の困難さを浮き彫りにしている、と言うこともできる。「言うは易く行うは難し」で現実に政策を実行していった結果、その多くが新自由主義的な帰結をもたらしてしまったというわけだ。今では、ブレア氏をサッチャリズムの継承者とする評価も少なくない。

ブレア氏が首相に就任して4年後の2001年5月31日付けの「朝日新聞」で、イギリスの政治評論家ポリー・トインビー氏は、第一期ブレア政権について「好景気という幸運に恵まれた。成功の6割が幸運、4割が政策だろう」とした上で、「貧困層や年金生活者ら社会的弱者の生活は格段に向上した。特に『ニューディール』はシングルマザーや長期失業者を仕事に就けた」と一定の評価をしている。ただし、「緊縮財政の結果、大多数を占める中産層には生活で何が変わったのかさっぱりわからないとの印象を与えた。／民営化で公共サービスの効率化は図られたが、絶対的な公的支出額が足りない。医療、交通、教育で目に見える改善がなければ、国民の間に急速に失望が広がるだろう」と懸念も示した。中間層が恩恵を感じられなかったという指摘は、日本を含め今の主要先進国が共通して抱える問題だ。

この懸念は現実のものになる。その後、イギリスでは大幅な賃上げを求めるストが多発するようになった。ブレア政権下の２００２年11月には、英国の消防士労組が40％の増給を求めて、25年ぶりとなる全国規模のストを実施。スト中の火災に軍が対応することになった。待遇改善を求めた鉄道職員による大規模なストも起きた。

琉球大学の二宮元教授は、ブレア政権が進めたのは「第三の道」型の新自由主義であると指摘する。新自由主義は、「貧困や格差の拡大といった社会的矛盾を引き起こすだけでなく、経済を不安定化させ停滞させるというもう一つの矛盾を抱えている。なぜなら、新自由主義は、一方で企業にたいする規制と負担を軽減して企業のグローバル展開を促進することで、資本主義の生産力水準を大きく拡大させたのだが、他方では雇用破壊と賃金水準の引き下げ、社会保障の削減といった改革を進めるために、発展した生産力のはけ口として必要となる消費市場を縮小させてしまうからである。簡単に言えば、生活消費者でもある労働者の所得が上がらないために、消費需要が停滞しデフレ経済を引き起こしてしまう」（「新自由主義とコロナ禍をのりこえ新しい社会を展望する」／「月刊全労連」２０２２年1月号）と解説する。その上で、ブレア政権で貧困問題が一定程度改善しえたのは、ヨーロッパ経済が当時堅調で、財政的な余裕が生じていたためとする。

さらに重要な指摘は、「第三の道」路線が広がったことによる弊害だ。「本来新自由主義に対抗する勢力であったはずの社会民主主義政党が『第三の道』路線によって新自由主義を容認するようになったことで、保守政党も社会民主主義政党もともに新自由主義の枠内に収斂《しゅうれん》してしまうという政治状況が生まれることになった。つまり、新自由主義型の二大政党が成立することによって、有権者にたいして新自由主義とは異なる政治的選択肢が示されなくなり、仮に二大政党の間で政権交代が起きたとしても、継続的に新自由主義改革が実行される仕組みができあがることになった」とする。

今の欧米や日本の状況を見ると、二宮教授の指摘は正鵠《せいこく》を射ているといえよう。各国の主要中道政党は、左右ともにグローバル経済の中で成長を求める一方、社会保障を維持するためとし、緊縮的な財政運営をしている。主流政党はいずれにせよ緊縮で、それに苦しめられている人々の受け皿がなくなってしまったと言えるのかもしれない。前章の最後に引いた、庶民階級の投票率の急落、左派政党離れというピケティ氏の指摘とも重なる点が多い。

話を英国に戻そう。ブレア政権の後を継いだのは、財務相としてブレア氏を支えたゴードン・ブラウン新首相だった。しかし、ブラウン政権は、まさにトインビー氏や二宮氏の指摘通り、2008年のリーマン・ショックで経済が大きく落ち込んだことが要因となり、国民の支持を失った。2010年の総選挙で第一党の地位を保守党に奪われ、他党との連立ではあったが、13年ぶりに再び保守党に政権が移った。キャメロン新首相が最優先で取り組んだのが、リーマン・ショックで急速に悪化した財政の立て直し、つまりさらなる緊縮政策だった。好調な経済の支援がない中、緊縮はむき出しになった。

離脱の原動力は人々の怒り、不満

キャメロン政権は緊縮政策を進めながら、EU離脱という歴史的な決断に至る。

まず、それまでの労働党政権の福祉政策を「無駄遣い」と批判し、財政再建を掲げ、貧困対策を大幅に見直した。医療、教育分野以外の予算の削減という方針を掲げ、住宅手当の縮小、児童手当の凍結、地方予算の大幅な削減、日本の消費税にあたる「付加価値税」の引き上げに踏み切った。

低所得者向けの各種手当を一本化した「ユニバーサル・クレジット」も政権発足直後に導入を決めた。先に述べたように、スローガンは「給付から労働へ」だ。給付額に上限を設け、「求職活動を積極的にしていない」と判断されれば、支給を止めることもできるようにした。しかも、ネットを使った申請しかできず、受給までに原則6週間かかる。オハラさんが語った通り、ネットにアクセスできない人が手当を受けられなかったり、受給までの間に借金せざるを得なくなったりするケースが続出した。

緊縮に加え、その後の世界的な景気回復もあり、財政赤字は改善した。失業率は３％台で、政権は「歴史的な低さ」だと強調した。しかし、財政再建と低失業率を同時に実現させたかに見えるこれらの数字にこそ、オハラさんが深く危惧する「英国の貧困」を解くカギがある。

イギリスの貧困問題を２０１８年に調査した国連特別報告者のフィリップ・アルストン氏は、ユニバーサル・クレジットの問題点を「受給者は支給停止を恐れ、割に合わない低賃金の職を得ている」と指摘した上で、こう警鐘を鳴らした。「表面上は景気がよく、失業率は低くても、貧困に苦しむ人が増えていく」

各種手当の相談や就労支援などの窓口になる「ジョブセンター・プラス」には、「もっと働けば、もっと稼げる」というスローガンが掲げられていた。イギリス・バーミンガム

いわば「緊縮策のわな」とも言えるような状況は、時間とともに庶民の生活を苦しめていった。目に見えて貧弱になる社会保障のセーフティネット、低い収入の仕事。緊縮のしわ寄せを多く受けた人々の怒りや不満が向かった先は、イギリス国民がブレグジットを決断した大きな要因の一つになった移民問題だった。

バーミンガムで出会った、パートタイムの警備員をしているボイドさん（42）は、そうした不満を抱えている一人だ。「福祉は英国人のためのもので、政府は自国民をまず助けるべきだ」と訴えた。

ＥＵ加盟国では、他のＥＵ市民であっても一定の条件を満たせば社会保障を受けられる。例えば、イギリスに来て働くポーランド人もイギリス政府が支給する手当を受け取れる。これは一方的なものではなく、実際にはＥＵ加盟国同士で相互に提供し合う制度である。だが、ボイドさんの目には、自分たちの福祉の財源がよその国の人に回されているように映る。だから、「ＥＵから離脱すれば、状況はよくなるはずだ」と期待する。

この間、低い賃金を移民労働者と結びつける訴えも広まった。取材に応じてくれた、英国南部フックのガストロパブで働く調理師グレン・チャーチスさん（29）は「過酷な仕事なのに、見合う給料を全然もらえていない」と嘆いていた。勤務は週に3日だが、朝9時から夜11時までの長時間労働だ。年収は英国の常勤労働者の中央値を10％ほど下回る2万7０００ポンド（約３８８万円）。労働条件への不満の矛先が向かうのは、ともに働く東欧からの移民労働者だった。

調理担当は、他にハンガリーからの三人とポーランドからの二人がいる。彼らは同じＥＵ加盟国の国民であるため、英国で働くのに特別な許可は原則不要だ。チャーチスさんは、彼らは「安い労働力」で、自分の賃金が低く抑えられている主因だと感じているという。「政府は自国民の扱い方を間違っている」。チャーチスさんはＥＵ離脱を問う国民投票で賛成票を投じた。「離脱後はもらえるべき給料になるはずだ」と期待していた。

英国国家統計局（ＯＮＳ）によると今、英国で最も多い外国人はチャーチスさんの同僚のようなポーランド人で、ＥＵに加盟した２００４年から18年の間に9倍になった。２００７年にＥＵに加盟したルーマニアはこの間、約30倍に激増し、一気に上位4位になった。彼らが重用されるのは、イギリス人に比べて低い賃金で、イギリスでは不人気の仕事に就いてくれるためだ。

オックスフォード大学移民・政策・社会センターの分析（２０１７年）では、イギリスで雇用されている労働者のうち18％が外国人で2割に迫る。一般的に待遇がよくない業種とされる食品包装業、食品製造業では4割を超えるという。

こうした急激な労働市場の変化を背景に、ＥＵからの離脱を決める国民投票で「移民」は大きな論点になった。離脱派は、移民政策を自由に決められるようになることをメリットとして強調し、人々の不満、不安をすくいとった。英政府も国民投票後、移民の受け入れを厳しく制限するために、ＥＵ移民の特別扱いをやめ、高度な技能を持つ外国人の受け入れを優先する方向へと舵を切った。

2：英国を待ち受けるもの

減った移民労働者、増えた賃金

長く英国にあった国内での再分配の問題は、いつのまにか英国民と移民の間でのパイの奪い合いの問題にすり替わった。ただ、注意しなければならないのは、移民と一部の英国人労働者の間で、激しい競合が起きていたというのも事実だということだ。

移民は、イギリス人がやりたくない仕事をやってくれているので、イギリス人の賃金や雇用に全体として影響を与えない――。経済学の世界では、こうした主張が主流だ。だが、第2章で見た通り、その影響は一様ではない。

英政府の諮問機関が２０１７年９月にまとめた報告書は、１９９３年から２０１７年までの間、ＥＵ移民の影響で所得が下位25％以下の英国人労働者の賃金が、短期的に減少したとみられると指摘している。下位５％以下の人は賃金が５・２％下押しされたと考えられるという。つまり、影響は所得が低いほど大きかったということだ。

こうした分析を裏付けるように、英国の労働市場には変化が起き始めている。

ＯＮＳが２０１９年11月に発表した7～9月の統計では、ＥＵの他の加盟国から来る移民労働者の数が前年同期に比べ13万２０００人減った。統計を始めた１９９７年以来最大の減少だ。ＥＵ離脱を間近に控え、イギリスを回避する移民労働者が増えたためだ。一方、物価の影響を除いた名目賃金（賞与を除く）は同比３・２％増で、約10年ぶりの高い伸びだった。

他の要因もあるが、大きく言えば、移民労働者が大きく減った一方、イギリス国内で働く人の賃金が急激に増えたというわけだ。働く人、働きたいと思う人がいなければ、雇用者側は賃金を上げて労働力を確保しようとする。移民労働者の割合が高い産業は、より大きな影響を受けるのは当然だろう。

しかし、やはり経済全体から見れば、移民の減少は大きな損失になる。経済協力開発機構（ＯＥＣＤ）のリポート（２０１６年）によると、２００５年以降の英国の実質経済成長率の約半分はＥＵ移民のおかげだった。良質で安価な労働力による人手不足解消などをその理由としている。

流出する頭脳

ＥＵ離脱を機に、変わり始めた英国への移民の流れ。英政府が懸念するのは、英国の労働者と競合せず、むしろ突出した能力や技術を持った一部の外国人が見切りをつけ、英国を後にしているということだ。有能な人材が海外に出て行くことは、「頭脳流出《ブレイン・ドレイン》」と呼ばれ、国際競争力の低下を招く問題として捉えられる。

有能な人材や研究者が英国を去り始めた大きな理由の一つとして言われているのは、ＥＵ加盟国でなくなることで英国の魅力が落ちるということだ。英国は、単純労働者などの受け入れを制限する一方、高い専門性を持つ人々の受け入れを増やす方針だが、この流れが続くようなら、そのもくろみは危ぶまれる。

私は、脱英国を選んだ人に話を聞くことにした。

最初に取材に応じてくれたのは、中国人のレクシーさん（24）だ。2018年2月、5年間住んでいた英国を離れ、パリに引っ越した。「間違いなく、ブレグジットの動きが、英国を離れる決断をした一つの理由になりました」と断言する。

英国では大学で経済学を学び、会計事務所で働くなどしたが、2016年6月、国民投票でEU離脱が決まると、英国に住み続けることに疑問を感じるようになったという。「将来、労働許可が突然、もらえなくなるかもしれない。どうなるか分からないブレグジットに左右される状況が嫌になりました」と話す。

フランスを選んだのはEU加盟国であること、長年暮らした英国に近いこと、学びたかった観光学の修士課程のコースがパリの大学院にあったからだという。「決断を全く後悔していませんし、今のところ、英国に戻る気はありません」と意思は固い。周りにも英国から移ってきた人が大勢いるという。

マーケティングの専門家であるギリシャ人の男性（32）も、レクシーさんと同様、EU離脱を機に英国を離れたという。ロンドンの大学院で修士号を取った後、起業をするなどして英国にとどまっていたが、１年ほど前パリに移った。「離脱すれば、同じＥＵ市民として受けていた厚遇がなくなる。英国は今や、自分にとってすばらしい場所ではなくなりました」。近年、ロンドンからパリに移るＩＴ企業も少なくなく、パリのベンチャー業界が急激に活性化しているのを感じるという。

英国人も脱出

英国を離れているのは外国人ばかりではない。ポーランド系英国人の微生物学者エウェリナ・ワクニカさん（33）も脱英国組だ。ＥＵ離脱決定後の物価上昇や不動産市場の低迷に加え、他のＥＵ加盟国から有能な人材を確保できなくなった企業が増えたことを目の当たりにし、決断した。

ポーランドにルーツを持つ一人として、国民投票のキャンペーンで「移民は英国人の仕事を奪う、福祉制度を悪用している、犯罪を増やす」などと盛んに言われたことも、ワクニカさんの背中を押した。「ＥＵはもちろん完璧ではない。でも、ＥＵ加盟国のどこでも教育を受ける自由、住む自由、移動する自由を与えてくれる。そのことで、私たちは視野を広げることができる」。今はフランスの食品関連企業で研究開発に携わっているという。

統計もこうした動きを裏付ける。ＥＵ統計局（ユーロスタット）の調査によると、離脱決定の翌年の２０１７年、他のＥＵ加盟国で市民権を得た英国人の数は、前年の２・２倍の１万４

911人。28加盟国の中で最大の伸びを示した。これは離脱決定後、EU市民であり続けるために手を打った英国人がいかに多かったかということを示している。

人の移動の自由＝EUの基本理念を嫌がったイギリス

EUの基本理念は、加盟国間で人、物、サービス、資本の四つが自由に移動できることだ。EU市民であれば、原則、特別の査証（ビザ）なしで、どの加盟国で住むことも働くことも制限を受けない。英国はこのうち、人の移動の自由、すなわち、移民が他のEU加盟国から自由に入ってくることを嫌がり、離脱決定につながった。

キャメロン氏から政権を継いだ英国のテリーザ・メイ首相（当時）は離脱の成果として、移民受け入れの厳格化を再三にわたって挙げた。英政府は離脱後、英国民の雇用に悪影響を与えるとして、特に建設作業員などの単純労働者を制限する意向を示した。その一方、経済成長や競争力強化に大きく貢献するとして、起業家や科学者など、専門性の高い労働者の受け入れは拡大したいとした。

だが、思惑通りにはいかない現状に産業界、教育業界は危機感をあらわにする。

ビジネス向けソーシャル・ネットワーク・サービス（SNS）「リンクトイン（LinkedIn）」の調査（2018年12月）によると、専門性を持った有能な労働者の流入数と流出数を比べると、英国は2018年1~3月に流出国になり、その後もこの傾向が続いている。この調査結果を受け、ロンドンの金融街シティーの主要業界団体である「シティーＵＫ」は２０１９年３月、「英国に必要な技能を持った有能な移民が、国内で有能な労働者が育つ前に去ってしまう」との懸念を表明し、人材育成のため、政府の財政支援や大学の授業内容の変更などを求めた。

大学側も焦りを隠さない。ＭＢＡ（経営学修士）のコースなどを提供する英国の大学などでつくる「公認ビジネススクール協会」が、ビジネススクール77校の職員を対象にした調査（２０１８年11月）では、50％弱の回答者が、学生集めやコースの維持に離脱が与える影響を懸念していると回答した。ＥＵが英国の大学に提供している多額の助成金もなくなることから、研究資金への影響を心配する回答も57％あった。

ケンブリッジやオックスフォードなど英国の名門24大学でつくる「ラッセル・グループ」は「英国がＥＵ加盟国であることが、我々の世界的な研究や授業の質を高めている」と離脱に警鐘を鳴らした。

ブレイン・ドレインの問題に直面する英国の現状は、これまで魅力あるＥＵ加盟国として、英国が他国から頭脳を奪ってきたという事実も示している。有能な人材の獲得競争が各国間で激しくなる中、英国がどう流出を止め、有能な人々を惹きつけるのか。周囲の国が当たり前のように持つＥＵ特権を失おうとしている英国は、新しい難題を抱えていくことになる。

再分配の議論が、いつのまにか「国民vs.移民」という構図になり、高い専門技能を持つ移民労働者までをも失い始めた英国。では、それによる経済のマイナスを誰がかぶるのか。再び突きつけられるのは、負の分配の問題だ。

リベラル政党の苦悩

では、再分配こそ大きな政策の柱であったはずの労働党は、この事態にどう対処しようとしていたのか。キャメロン政権の緊縮政策下でも、労働党は人々の不満の受け皿になれず、支持率は低迷した。むしろ、英国民が希望を託したのはファラージ氏のような、怒りの矛先を「外」のEUや移民に向けた政治家だった。

英労働党重鎮の国会議員、ジャック・ドロメイ氏。2019年

なぜ、労働党はリベラル派の牙城として機能せず、EU離脱を止められなかったのか。理由を知りたいと思い、訪ねたのがバーミンガム選出の重鎮の国会議員で、労働党の財務局長を務めた経験もあるジャック・ドロメイ氏（2022年1月に死去）だ。バーミンガム郊外の住宅街にあるこぢんまりとした地元事務所に招かれ、話を聞いた。

まず、訊いたのは自身の選挙区で広がる貧困をどう認識しているのかということだ。

私の選挙区であるバーミンガムでは子どもの42％が貧困に直面しています。第一の理由はワーキングプアです。働いても少しの給料しかもらえない。ある母親と話した時のことが忘れられません。懸命に働き、子どものよきお手本になろうとしていました。でも、そんな彼女ですら、少ない給料を穴埋めするため、フードバンクに行かざるを得なかったのです。こんなおかしなことがあるでしょうか。まじめに働いているのに朝起きて、子どもを学校に送り、仕事に行き、そしてフードバンクに行かなければならないのです。

第二の理由は、公的手当の削減です。政府が導入したユニバーサル・クレジットは、壊滅的な影響をもたらし、広範囲に貧困がはびこりました。

第三の理由は家賃の高騰です。賃貸市場は過熱し、家賃をふっかける家主も多くなりました。人々は収入の30％、多い人では収入の45％も家賃に費やしています。

第四の理由は、子どもを持つ親向けの行政サービスの危機です。働いている親を支える行政サービスはどんどん削られています。

保守党政権が掲げた「給付から労働へ」というスローガンについてはどう思うのか。

私の出自はアイルランドの労働者層です。ですので、働けるなら働けという考えはよく理解できますし、福祉を受けている人が就業できるようにするアプローチも賛成です。問題は今の制度が、生活困窮者に罰を与えるような福祉制度になっていることです。ユニバーサル・クレジットはとんでもない制度で、（住んでいる住宅の部屋の数が多ければ多いほど、生活保護の支給額が削減される）寝室税は恥ずべきものです。キャメロン政権の最も腹立たしい過ちは、ワーキングプアも含め、数百万人の貧困層を生み出したことです。

ドロメイ氏が指摘するように、この間、経済的弱者を苦しめた緊縮を推し進めたのは保守党政権だ。しかし、そうであるなら、労働党政権への期待が高まってもいいはずだが、なぜそうならなかったのか。そんな問いに対する、答えはこうだった。

国民投票で負けたのは労働党でも保守党でもなく、政治です。今、政治は極めて難しい時代を迎えています。既存の政治への信頼が失墜し、どの党も四苦八苦しています。

ＥＵ離脱を決める国民投票があった２０１６年、私が見たのは、何百万人の労働者が時代に取り残されたと感じ、怒っている様子です。そして、彼らは「離脱」に票を投じました。この国は深く分断されていました。極右が伸長したのは事実ですが、彼らを支持した人々を「レイシスト（人種差別主義者）」と表現することは完全に誤りです。私たちは、こうした人々の不満の源泉を理解せず、解決策も提示できていませんでした。

時代に取り残された労働者の怒りが、ＥＵ離脱の原動力だったというのがドロメイ氏の見方だ。ここでいう「時代」とはグローバリゼーションのことで、英国の労働者を苦しめたのは、各国との競争の中で安い労働力を求めた企業による工場の国外移転や、移民労働者の受け入れであろう。経済的に国境をなくし、大きな市場をつくり、欧州全体として経済強化に努めたＥＵは、英国の労働者にとってはまさにグローバリゼーションの象徴に映った。そして、そのＥＵに東欧各国が相次いで加盟して以降、英国外から来る労働者は身近な存在になった。この見えやすい二つのグローバリゼーションは、移民と直接の競合関係になくとも、日々の暮らしや先行きに不安を感じている人々の心にも、重く影を落としたのだろう。

だが、ドロメイ氏はＥＵ離脱では解決策にならないという考えを変えていない。

もちろん、ＥＵにも問題があることを否定しませんが、何より、ＥＵは平和構築に大きな役割を果たしてきました。二度の世界大戦で英国人の多くが命を落とし、ドイツ、フランス、ベルギーで埋葬されました。ヨーロッパ大陸の墓地を訪ねてみてください。墓石に書かれている年齢は18歳、19歳、22歳といった若さです。そして、名前は「アンノウン（不明）、アンノウン、アンノウン」です。前途有望なヨーロッパの若者たちの多くが身元も確認されず、恐ろしい戦争で死んでいったのです。EUはこうした悲劇を「二度と起こさない」という誓いのもと、つくられたものです。だから、重要なのです。
今、世界は米国一強の時代です。もし、私たちが（世界第二位のフランスの航空機メーカー）エアバスを持っていなければ、（世界トップの米国の航空機メーカー）ボーイングが世界で圧倒的な存在になっていたでしょう。欧州の力はカウンターバランスにもなるのです。この大きなEUの市場は、地域統合の最たる成功例です。

ドロメイ氏はこうも続けた。

政治は信頼を失っていますが、労働党だけが大きく支持を失っているとは思いません。2017年の総選挙では、議席を増やしました。保守党がEU離脱の国民投票で示したように、我々も過激なマニフェストで人々の心を捉えることができたと言えます。

離脱を決めた国民投票の1年後の2017年6月に実施された下院総選挙で、労働党は政権交代まで至らなかったものの、議席を増やし、保守党を過半数割れに追い込んだ。この時、労働党の党首だったコービン氏は「大学授業料無償化」など、持論の反緊縮政策を大々的に押し出し、「コービン旋風」と呼ばれるほどの支持を受けた。この選挙結果を素直に受け止めれば、人々はＥＵ離脱の国民投票ではＥＵ、移民にノーの意思表示をしたが、総選挙では緊縮を進めてきた保守党にノーの意思表示をした、ということになるだろう。

ちなみに、その前年にあった米大統領選の民主党予備選挙では、同じように反緊縮の主張をしたバーニー・サンダース氏が支持を集め、「左派ポピュリズム」の広がりとして注目された。コービン氏もサンダース氏も、かつては党の傍流として目立たないポジションにいた人物だが、リベラルの主流派政治家たちの緊縮傾向に異を唱え、反緊縮を訴えることで指示を広げたかたちだ。２０１７年のフランス大統領選でも、最低賃金の引き上げや格差是正などを訴えた反緊縮路線の左翼政党「不服従のフランス」のメランション氏が、事前の予想を上回る躍進を見せた。

ただ、こうした動きは、まだ政権交代のような大きな形にはなっていない。離脱の是非が改めて争点になった２０１９年12月の解散総選挙では、ＥＵ残留を訴えた労働党は議席を大きく減らし、離脱を訴えたボリス・ジョンソン氏率いる保守党に完敗した

労働党は、２０１７年の総選挙では、ＥＵ主流派の方針に反して反緊縮的な再分配政策を大々的に訴え支持を勝ち取ったが、同時に親欧州的な立場からＥＵに残留することのメリットを、うまく国民に訴えることができなかった、ということだろうか。コービン氏は責任を取り、労働党党首を辞職した。

名匠ケン・ローチが描いたもの

オハラさんやドロメイ氏の話を聞き、思い出したのは一本のイギリス映画だ。一貫して弱者や労働者の立場から、社会問題を描いていた英国人のケン・ローチ監督が２０１６年につくった「わたしは、ダニエル・ブレイク」。

舞台はイギリス北東部ニューカッスル。59歳の大工であるダニエル・ブレイクは、心臓の病気を理由に医者から仕事をやめるよう言われる。収入を失い、ユニバーサル・クレジット制度を使い、支援手当を受けようとするが、慣れないオンラインでの手続きに四苦八苦する。難解で時間のかかる手続きもダニエルの心を折っていく。そんな時に、同じように手当の支給をめぐり、担当職員ともめているシングルマザーのケイティと二人の子どもに出会う。自ら窮地にありながらも、手をさしのべ助けようとするという話だ。

映画が描くのは、国の福祉制度にたどり着けず、惨めな境遇に置かれながらも、助け合う市井の人々の姿。中でも、胸に迫るのはケイティの描写だ。

フードバンクに行き、ボランティアに野菜やトイレットペーパーをビニール袋に入れてもらうケイティ。だが、あまりの空腹で袋に入れてもらった缶詰をその場で隠れながら開け、素手で食べてしまう。職員とダニエルにその様子を見られたケイティは「ごめんなさい。惨めね」と泣きながら何度も謝り、「でも、限界だったの。倒れそうで」と許しを請う。ダニエルは「こんなことたいしたことじゃない。いいかい。君は何も悪くない。二人の子と遠い土地へ追いやられて、立派にがんばっている。ここの人は味方だ。何も心配ない」と慰める。

ローチ監督は「朝日新聞」の取材に「いくつかの都市に出かけて調べてみたら、これまで語られていない話があった。ひどいレベルの貧困。しかも、彼らは失業者ではなくて、働いているのに貧しいんだ」（2017年3月24日付け）と、英国の現実が製作に駆り立てたと語っている。さらに、こうした状況がEU離脱の素地になったとも指摘する。「だれも聞いてくれないという疎外感。働けてもパートタイムだ。安定を失った人たちに右翼の政治家が来て、外国人のせいだという。そんなトリックに引っかかるのは簡単さ」

英国の現状を見聞きして思うのは、映画に出てくる、息苦しくなるようなつらいシーンは現実に起こっているということだ。この映画はフィクションであるが、フィクションではない。ダニエルやケイティのように福祉を適切に受けられず、もがき苦しんでいる人がいる。

ただ、ローチ監督は絶望しているわけではない。「希望を与えられるものがあるとすれば、人々の連帯と寛大さ、そしてユーモアのセンス。自分が困ったら、貧しいところにいたい。そこでなら助けてもらえる。金持ちのところに行っても扉を閉ざされるだけだろうから」。貧しくとも正義心が強く、寄り添い、助け合う。ダニエルはまさに、ローチ監督が体現したかった希望であり、求められている政治の姿なのだろう。

希望はどこに

そんなローチ監督が抱く小さな希望を見たくて、英国を離れる前にどうしても寄りたいところがあった。

バーミンガム南東部のスモール・ヒース。市内でも有数の貧困地域だ。

「おむつが欲しい」「パスタをたくさん入れて」――。水曜日の午後4時。フードバンクとなっている大きなコンテナの前には、空っぽの大きな買い物袋を手にした人が集まっていた。

配られている食料は、人々からの寄付で得たものだ。このフードバンクは大手スーパー「モリソンズ」の市内の4店舗内に、寄付用のかごを設置した。毎日回収しているが、ほとんどの日でかごいっぱいに食料が入っているという。

大きなモスクが近くにあり、中東系の移民が多い地域であるが、運営する団体によると、フードバンクの利用者のほとんどは20~30代の英国人だという。むしろ、3000~4000人のイスラム教徒がモスクに礼拝に来る金曜日は、あふれるほどの食料の寄付があり、フードバンクを大きく支えているという。市の福祉担当職員でもある、若いボランティアの男性はこう言った。「この地域では宗教、人種に関係なく、コミュニティ全体が困っている人を助け、支えている」

英国の緊縮や貧困の問題を生活者目線から描いてきた、ライターのブレイディみかこさんは、２０２３年1月12日付けの「朝日新聞」への寄稿の中で「経済的弱者の人権が無視されている状況を、英国に住む人間はもう10年以上も見てきた。（中略）雨後の筍《たけのこ》のように増え続けるフードバンクや貧困者支援の輪、地域での助け合いの活動も、地べたの抵抗運動だ」と書いている。また、同時に「『わたしは、ダニエル・ブレイク』はチャリティー映画じゃない。反緊縮映画だ。」（「Yahoo!ニュース」２０１７年3月24日付け）と題された記事の中で、こうも書いている。「彼（ケン・ローチ）の怒りはフードバンクをもっと増やせとか、慈善活動を充実させろとかそういうことではない。／寧ろ、そもそもそんなものがあるのがおかしいのだ、緊縮やめろ、と怒っているのだ」と。

これは、ソーシャルワーカーのオハラさん、そして前章で見たドイツのフードバンク「ターフェル」のヴェルトさんの思いにも通じる言葉だろう。ヴェルトさんは「貧困層がないがしろにされ、我々フードバンクが大きな役割を果たしている現実」こそを嘆いていたのだから。

人々の善意で成り立つ助け合いは強くも、もろい。公助から、共助、自助へと福祉国家から変貌を遂げた英国。ＥＵ離脱後に待ち受けるのはどんな未来なのか。

英シンクタンク、レゾリューション財団は、２０２３〜２０２４年に子どもの相対的貧困率は過去最悪の37％になると見込む。離脱に伴う景気の低迷や、英通貨ポンドの下落による物価上昇が家計を直撃する恐れがあるという。

移民労働者が多くを占めていた産業の賃金は上がる可能性があるものの、経済全体にマイナスの影響が大きいとしたら、そのしわ寄せが向かうのはやはり弱者だろう。たとえそれで、「時代に取り残された」と感じる英国人労働者の不安や不満が一時的に和らぐのだとしても、その後に待ち受けている困難は想像するに難くない。そのとき、貧困に苦しむ人々はどうなるのだろう。答えを見つけられないまま、英国を後にした。

第5章

ポルトガルの奇跡

「反リベラルのメロディー」を越えて

1：ポルトガルの奇跡

ポルトガルの反緊縮

これまで見てきた通り、ヨーロッパでは2008年に起きた金融危機をきっかけに、各国政府が相次いで緊縮策を導入した。財政が悪化したり、今後改善の見込みがないと金融市場で判断されたりすれば、たちまちその国の国債は売られ、国債の金利が急騰し、予算をやりくりするために国債を発行することが困難になるためだ。

だが、緊縮策は強い反発を呼んだ。本来は再分配を強く訴えるはずの左派の政府も緊縮を推し進めた結果、左派への失望は特に強くなった。

そんな緊縮に左派側から異を唱え、反緊縮を主張した国がある。欧州西端のEU加盟国、ポルトガルだ。

親EUの左派政党が率いた政権は、ポルトガルが経済危機の後遺症に苦しんでいた2015年、EUが求めた緊縮政策に反発し、反緊縮路線に転じた。緊縮策を強いられ、苦しめられたギリシャと対照的な政策は当時の予想に反し、一定の成果を収め、「ポルトガルの奇跡」と呼ばれた。

多くの先進国が直面する低成長や格差などの問題をどう解決すればいいのか。ポルトガルの取り組みは、そんな問いに、一つの解を与えてくれるのではないか。「反緊縮の聖地」とも言われるポルトガルには、反緊縮の先を示す何かがあるのではないか。２０１９年冬、私はポルトガルの首都リスボンに向かう飛行機に乗った。

緊縮のページをめくる

２０１５年冬、この国は熱狂に包まれていた。ギリシャ危機に端を発した欧州債務危機に見舞われ、ＥＵから厳しい緊縮財政を求められる中、迎えた10月の総選挙。緊縮財政を進めてきたペドロ・パッソス・コエリョ首相率いる中道右派の社会民主党は勝利したものの、議席を大幅に減らした。そのため、11月の国会で、緊縮策などを盛り込んだ政府の政策方針が反対多数で否決され、事実上、内閣不信任を受けた形になった。緊縮を進めてきた4年の政治に幕が下り、12月に誕生したのが「反緊縮」を掲げた左派政権だ。我慢を強いられてきた国民は熱狂的に支持した。

新首相に就任した社会党のアントニオ・コスタ氏は、「緊縮のページをめくる」と訴え、ＥＵがポルトガルに要求していた緊縮策と真逆の政策を次々に導入した。高齢者がもらえる年金を増やし、公務員の給料を上げ、所得税を減税した。最低賃金も月額５０５ユーロ（約６万６００円）から６００ユーロ（約７万２０００円）に引き上げた。

反緊縮策の結果は大方の予想と全く違うものだった。

EUの統計によると、政権交代前の2014年、0・8%だった実質経済成長率は2015〜2018年、2〜3%前後で推移した。2014年に14%を超えていた失業率は、2018年には7%に半減した。さらに目を引くのが財政の数字だ。2015年時点で、GDPに対する財政赤字の比率は4・4%だったが、2018年には0・4%に縮小した。

つまり、ポルトガルの景気は上向き、失業者は少なくなり、財政支出を増やしたにもかかわらず、財政もよくなったということだ。こうした数字からは、「仕事を得る人が増え、賃金も上がったことで個人消費が拡大し、景気がよくなるとともに政府の税収も増えた」というストーリーが読み取れる。景気も財政も改善したこの4年が、まさに「ポルトガルの奇跡」と言われるゆえんだ。

2019年11月、EU加盟国の財務状況に目を光らせる、経済・財務・税制担当のピエール・モスコビシ欧州委員（EUの閣僚に相当）は、ポルトガルの経済の歩みをこう手放しで絶賛した。「ポルトガルの努力に敬意を表する。うれしいことに、ポルトガルの経済は急成長している。サクセスストーリーだ」

苦しんだ末に生まれた反緊縮

奇跡の背景には何があったのか。私はまず、2015年の政権交代後、政権運営に閣外協力という形で加わった左翼連合のペドロ・ソアレス会派代表に話を聞きに行った。反緊縮路線に舵を切る前、奇跡の前夜のポルトガルはどんな状況だったのか。政策決定の現場にいたソアレス氏だからこそ見えた景色があるはずだ。インタビューはそこから始まった。

左翼連合のペドロ・ソアレス会派代表。ポルトガル・リスボンの国会議員会館。2019年12月10日

ポルトガルは経済的には小さな国です。そのため、２０００年以降、急速に進んだ経済のグローバル化への準備が不十分でした。主要産業であった縫製と製靴は２０００年から２００５年にかけ、大きく落ち込みました。世界の変化にうまく対応できず、これらの産業では失業率が急激に上がりました。

こうした問題に対処している間に起きたのが、２００８年の金融危機です。経済がまだ脆弱で、財政支出が需給ギャップを埋めている状態のポルトガルにはとりわけ大きな波でした。２０１０年、国家財政は一気に危機的状況を迎えました。EU内では、この危機にどう対処するか議論がされていましたが、最初から緊縮ありきだったのではないかと思います。まさに危機に苦しんでいたポルトガル、ギリシャ、アイルランドとの連帯という観点で議論がされた形跡はありませんでした。

トロイカ（EU、ECB、IMFの三つ巴体制の総称）が2011年にポルトガルに来てまず言ったことは、金融支援を得るためには、大規模な緊縮計画が必要ということでした。これは、ポルトガルのためではなく、むしろ、債権を持っていたドイツやフランスの金融機関のためのものでした。ポルトガルの救済ではなく、銀行の救済です。トロイカの求めに応じ緊縮策を進めた結果、2011年から2015年にかけて、ポルトガルの経済は破壊されました。失業率はあまりに高くなり、多くの国民が国外に活路を求め、国を離れました。

EUは我々にとっていいものではないという感情も国民の間で広がっていきました。我々が助けを必要とした時に、彼らは無実の罪で罰を与えたようなものですから。確かに、それまでのポルトガルの公共支出の中に適切に制御できていなかったものもありましたが、だからと言って国民に広範な痛みを強いる緊縮策の正当化はできないのではないでしょうか。

ここで語られるEU側の対応は、バルファキス氏が語ったギリシャ危機の時とほとんど同じものだ。厳しい緊縮が続き、国民が疲弊する中、迎えた2015年の総選挙。争点は緊縮策の是非だった。有権者は中道右派の与党に軍配を上げたが、その後、思わぬ展開を見せる。

ポルトガル・リスボンで「失業反対、職をよこせ」と連呼し、緊縮策の撤廃を求める人々。2010年5月30日

２０１５年の総選挙で、右派は唯一可能な道は緊縮策を続けることだと大規模なキャンペーンを展開しました。彼らは、かつてないほど厳しい緊縮策の導入を検討していたのです。政権を担っていた（中道右派の）社会民主党は選挙で勝ちましたが議席を大きく減らし、過半数を得ることはできず、国会で緊縮路線にすぐにノーを突きつけられました。そのため、総選挙で2番目に獲得議席が多かった（中道左派の）社会党が政権を担い、左翼連合、ポルトガル共産党が閣外協力する形になりました。

新政権の核は反緊縮でした。国家を運営するための、各党間の政権合意はまさに「反緊縮合意」でした。最低賃金の引き上げ、公務員の給与削減の停止、年金削減の停止など、家計の収入を取り戻すための種々の政策が入っていました。緊縮から反緊縮に転換することで、経済にエンジンをかけることを狙ったのです。

ポルトガル経済は２０１１年と２０１３年に大きく落ち込んだ後、実際には、２０１５年の前から回復を始めていましたが、雇用は創出されていませんでした。2015年以降との極めて大きな違いはそこです。反緊縮策導入後の経済回復は力強く、雇用も生み出しました。

緊縮を訴える右派に対抗し、反緊縮を訴え、支持を得た左派。そして、経済を回復軌道に乗せることに成功した。左派の基本に立ち返ったような構図だ。さらに、緊縮の最大の目的であった財政状況も改善する。

人々が以前より多くの収入を得られるようになったことで、主に失業手当など貧困関連の社会保障費が小さくなったことが最大の理由です。財政収支の改善は、我々の選択に対する外からの見方をも変えました。それまで、欧州委員会は制裁をちらつかせながら、我々を脅してきました。最低賃金の引き上げは彼らの助言に完全に反するものだったからです。左派政権はポルトガルの財政を危機にさらしていると、彼らは警告してきました。でも我々はやめませんでした。

そして、財政収支が改善したという結果を見て、彼らは圧力をかけるのをやめたのです。最低賃金を月505ユーロから600ユーロに引き上げました。まもなく635ユーロ（約7万6200円）まで引き上げる予定です。もちろん、賃金上昇率はインフレ率を上回っています。反緊縮路線こそが、ポルトガル経済が最善の状態を取り戻した原動力になったのです。

リーマン・ショック後に大きく揺れる経済状況の中で、財政危機に直面した南欧の国々に対して、これまでEUは緊縮の一点張りで対処してきた。財政赤字が問題なのだから、金融支援を受けるにあたって緊縮するのは当然だ、という理屈である。しかし、「ポルトガルの奇跡」が示しているのは、適切な財政支出の拡大で経済を安定させることで、結果としてむしろ財政収支が改善する可能性がある、という道筋である。

２０１５年以降、我々は年金や失業給付を異例の規模で増額しましたが、経済はむしろよくなりました。財政支出を削れば、経済が強くなるという考えは矛盾しています。よりよい社会システムのためには、よりよい経済が必要なのです。人々が消費に回せる収入があってこそ、よりよい経済の実現は可能なのです。トロイカの最大の問題は国内市場を過小評価し、大不況をもたらしたことです。彼らが考えていたのは輸出のことだけです。我々は逆のことを考え、財政支出を拡大することで、彼らの誤りを証明しました。

そう語るソアレス氏の言葉に、私は強い信念のようなものを感じた。

なぜ、奇跡は起こったのか

これまで見てきた通り、同じ時期、緊縮に苦しんでいた欧州の国はポルトガルだけではない。EUに反旗を翻したバルファキス氏のギリシャやスペイン、アイルランドも同じだ。むしろ、彼らとて進んで緊縮財政を受け入れたわけではない。では、ポルトガルとは何が違っていたのか。ソアレス氏に問うてみた。

私たちと同時期に経済危機に直面した他の国との違いはいくつかあります。第一に、国際競争力を高めようと労働者の賃金を下げようとした国があった一方で、私たちは家計の収入を増やし、労働者の所得に関する様々な税を減らしました。二つ目は、我々の経済は緊縮下でほとんど破壊されていたという点です。イタリアやフランスも緊縮策で経済が落ち込みましたが、ポルトガルほどではありません。ですから、ポルトガルは回復の余地が大きかったと言えるかもしれません。

国際経済での主要なプレイヤーであり続けるために、欧州では労働者の賃金や権利を見直すべきだという議論がありますが、全く間違っていると思います。競うべきは、労働者の賃金や権利の改悪ではなく、科学や技術革新です。社会保障は人々に安心感を与え、彼らを強くし、生産性を高めます。

確かに2015年10月のIMFの「財政モニター」によると、2012~2014年のポルトガルの財政スタンスは、アイルランド、ギリシャ、スペインをも上回るほどの緊縮レベルだった。その分、反緊縮政策での回復の余地は大きかっただろう。ただ、注意が必要なのは、ソアレス氏も「実際には、（反緊縮政策を始める）2015年の前から回復を始めて」いたと言っている通り、経済の回復や財政の健全化はすべて反緊縮策のおかげとは言い切れないということだ。2015年以降、ポルトガルに限らず、世界経済は回復傾向にあった。財政の健全化も2015年以前の緊縮策で下地ができていたことに加え、あくまでEUの財政ルールの範囲内で反緊縮策を行ったという点も考慮する必要があるだろう。ソアレス氏の話は、ヨーロッパ各国で左派が支持を失っている背景にも及んだ。

左派が支持を得られなかったのは、緊縮策を実行する側についたためでしょう。それによって、保守政党との違いをつくることはできなくなりました。有権者の支持を失うのは当然です。世界的な金融危機に直面した時、最大の標的は人々の権利と福祉制度になりました。それまで、労働者の権利や福祉制度を守ろうとしていたリベラル派が、トロイカの制度下でやったのは逆のことです。

ポルトガルでは、そうはなりませんでした。（閣外協力する）我々左翼連合が、欧州の他の社会党と同じ過ちを犯さぬよう求めたからです。ポルトガルの社会党は、我々との合意により、より社会的な政策の実行を強いられました。これが、我々の手法が、欧州で一つのモデルになっているゆえんです。ポルトガルで起きたことは、他の国にとっても解決策となる可能性があります。

財政支出の妨げとなるＥＵ

ＥＵが一角をなしたトロイカに反することで、ポルトガルは経済的な成功を得ることになった。ソアレス氏はＥＵの意義を認めつつ、制度的欠陥について語り始めた。

かつてＥＵはポルトガルにとって、とてもいいものでした。歴史を見ると、ポルトガルは常に隣国のスペインから侵攻される危険がありました。ところがＥＵに加盟したことで、こうした恐れは消えたのです。

でも、金融危機時、ＥＵがドイツやフランスの金融機関の救出を優先したり、ＥＣＢがバランスを欠いた政策を実行するようになったりして、弊害が目立つようになりました。（単年度の財政赤字をＧＤＰ比で３％に抑えることなどを定めた）ＥＵの財政協定もポルトガルのような国には深刻な問題をもたらします。ポルトガルは医療や科学の分野でも多額の公共投資が必要です。公共投資が牽引しなければいけない分野だからです。でも、今も財政協定によって公共投資は妨げられています。

もし、我々が企業の取締役会のメンバーなら投資家にこう言うでしょう。業績を改善していくためには、投資が必要だと。でも、ＥＵレベルでそういう主張はできません。我々は多額の公的債務を抱えながら財政を運営し、これまで経験したことがないほど金利が低く恵まれているドイツと競わなければなりません。金利一つをとってみても、ポルトガルの企業はドイツの企業に比べて極めて不利です。巨額の財政赤字を背負っているがゆえに、財政のプレッシャーから逃れることはできません。

ＥＵが一つの市場である点を活かし、ドイツやルクセンブルクの企業の中には、法人税率の低い国で税を納めている例が少なくありません。売り上げを多くあげている場所で、税を払うルールがないためです。合法ではありますが、我々にとっては問題です。我々が得られるべき税収を失っているからです。

ＥＵの単一の財政ルールのもと、公共投資を制限されたポルトガル。さらに、他の欧州の国に比べて劣る財政状況や経済力によって、政府や企業の資金調達コストは極めて大きいものとなっている。ポルトガルは今も、ＥＵの負の側面の影響を大きく受けている格好だ。「人の移動の自由」というＥＵの柱であるルールにも、苦しめられているという。

望むべくは、一連の改革によって、若者がこの国に戻ってくることです。簡単に解決できる問題ではありません。EU加盟国であればどこでも働けるため、ポルトガルより多くの収入が得られるドイツやフランスに若者が行くのは自然なことでしょう。ひとたび、この国を離れれば、なかなか戻ってきません。

例えば、ここでは、ITエンジニアが月給1000ユーロ（約12万円）でキャリアを始められれば、幸運なことです。でも、北欧の国では、2000〜3000ユーロ（約24〜36万円）です。ポルトガルの公教育システムはとてもよくできているために、若いポルトガル人は他のEU加盟国ではとても重宝されます。この問題を解決するためには、賃金を引き上げるしかありません。それができなければ、我々はリターンが得られない知識に投資をしているようなものです。

ただ、だからといって、ユーロ圏やEUから離脱しようという議論にはなっていません。2015年以降、我々がEUから緊縮圧力を受けていた時でも、人々のEUへの支持は高くなっています。ポルトガルの世論は親欧州で、EUが問題という捉え方はせず、緊縮策が問題という認識をしているのです。

インタビューが終わると、ソアレス氏はまた、最初に会った時のような柔和な表情に戻った。30代という若さで政治家として厳しい外交、政治、経済の状況を目の当たりにしてきたソアレス氏の言葉は強い説得力があり、何度も頷《うなず》かされた。印象的だったのは、労働者に対する温かな視点と、欧州の他の国のリベラル派が、それとは真逆の政策を実行する側に回ったがために、人々の支持を失ったという指摘だ。

人々の怒りに向き合った政府

私は政治家とは別の視点から、もう少し、ポルトガルだけがなぜ反緊縮をなしえたのか、その理由を聞きたかった。その答えを求め、取材を依頼したのは、２０１４年にポルトガルに移住したイタリア人政治学者で、ＩＳＣＴＥリスボン大学に在籍するグヤ・アコーネロ研究員だ。取材場所として指定されたのは、リスボン郊外のカフェ。政治学者という気むずかしそうなイメージとは正反対の気さくな印象のアコーネロさんに、早速質問をすると、立て板に水を流すようにすらすらと答えが返ってきた。

確かにポルトガルの反緊縮キャンペーンは、他の欧州の国のそれよりとても効果的でした。その背景にはいくつかの特別な要因を挙げることができます。

まず、ポルトガルは小さく、とても中央集権的な国家です。あるのは地方自治体と中央政府で、その間に位置するような規模の政治アクターはいません。現に今の首相はかつてのリスボンの市長です。地方政府は市民運動に近い存在です。中央政府と地方政府、そして市民運動。この関係が、政府が優先して取り組む課題に大きな影響を与えました。政権交代前の緊縮財政下、リスボン市はすでに中央政府の政策に反し、反緊縮策を導入していました。これが、反緊縮キャンペーンに勢いを与える下地になりました。

2015年の総選挙後、社会党政権は左翼連合、共産党の支持を得ながら、反緊縮政策を導入しました。ただ、それも完璧なものではありませんでした。例えば、教育予算は金融危機前のレベルに戻りませんでした。

ポルトガルの反緊縮運動は、国内で大きな対立を生むようなものではなかったというのも重要なポイントです。スペインやギリシャのように反緊縮デモの参加者の一部が過激化することはありませんでした。ギリシャで、反緊縮を訴えた急進左派連合（シリザ）政権が2019年の総選挙で敗れた一因は、その主張の過激さにあったとされています。スペインでは金融危機下、政治家や大手金融機関に対する抗議で、若者が中心となってマドリードの広場を1カ月占拠した2011年の「インディグナドス（怒れる者たち）」と呼ばれる運動がもとになり、左派新党「ポデモス」ができました。

対照的に、ポルトガルでは社会党政権が反緊縮の市民運動に真摯に向き合い、過激な訴えをする政党にその役割を与えませんでした。反緊縮を訴えるポルトガルにEUがそれほど強硬な姿勢をとらず、干渉してこなかった理由もこれで説明できます。社会党政権はいわば親EUの「穏健派」ファミリーで、例えばシリザより、かなり合理的であると見られたのです。シリザがポルトガルと同じようなことを試みた際、ＥＵは受け入れませんでしたから。緊縮に対抗するには、ナラティブ（物語）も重要ですが、ポルトガルでは過激な政党を除き、党を超えて紡ぎ出されました。その結果、左派政党が反緊縮の強いビジョンを示すことができた、という点も大きかったと思います。

こちらが聞きたかった答えを理路整然と説明してくれるアコーネロ氏に、私はすっかり感服してしまった。ソアレス氏といい、極めて優秀な若い政治家、若い研究者がいるポルトガルの人材の豊かさを感じずにはいられなかった。アコーネロ氏の説明に補足は不要であろう。私は、反緊縮を経てポルトガルの政治、経済、社会がどう変わったのかも聞いてみた。

危機が過ぎ、デモが終わると、人々は、ポルトガル社会に活気が戻ってくる様子を目の当たりにしました。労働者によるデモ、環境保護運動、至る所で、です。特筆すべきは、ＥＵ懐疑派だった政党もＥＵを活用しようとし始めていることです。（加盟国７カ国以上から１００万人以上の署名が集まれば、欧州委員会に立法を提案できる）「欧州市民イニシアチブ（ＥＣＩ）」を通して、全ＥＵ市民に住宅を保障するよう働きかけている組織もあります。彼らは、極右やポピュリズムの台頭を恐れているのです。今のＥＵはそれほどよくないとしても、離脱するより、変える方がいいという考えです。

確かに「ポルトガルの奇跡」によって、ポルトガル社会には目に見えて活気が戻ってきた。だが、まだ解決すべき問題は山積みだとアコーネロ氏は言う。

問題は依然として経済です。経済指標は改善しましたが不十分です。緊縮財政下、高い能力や知識を持った極めて多くの若者が国を離れましたが、まだ大半が戻ってきていません。政府は、観光に力を入れてきましたが、観光は危機から回復するための一つの手段でしかありません。むしろ国の成長という観点からすると、長い目で見れば、最悪の解決策です。それ自体がさらなる投資を生み出すものではありませんし、観光から得られるお金を常に当てにすることはできません。観光のトレンドや観光客の嗜好は移ろいやすく、急激に変わることもあるからです。技術革新こそが国を成長させる原動力になります。幸い、ポルトガルにはとても有能な政治家がいます。この国が前進しているのは間違いありませんし、私は希望を持っています。

アコーネロ氏が最後に問題だと指摘したのは経済だった。ポルトガルは果たして、反緊縮で目指したゴールに立っているのか。私はリスボンの街に出た。

まだ緊縮は終わっていない

リスボンに住む弁護士のブルーノさん（26）の家族は、緊縮で生活が一気に苦しくなったという。反緊縮の左派政党が政権を担うようになったが、「ポルトガルの問題はずっと変わっていない。緊縮下に比べれば生活はましになったが、欧州債務危機の前に戻っただけだ」と話す。父親は軍で働き、母親は警察官。２０１１年、公務員の二人の待遇は真っ先に緊縮の対象にされた。年2回支給されていた賞与はなくなり、様々な手当も削られ、給与が減らされた。何より両親にとってつらかったのは、それまであったキャリアパスがなくなり、昇進が望めなくなったことだという。

年金生活者だった祖母も緊縮の痛みを強いられた。「連帯」の名のもとに、新たな税が課され、年金の受給額は半分ほどになったという。

多くの企業が倒産し、多くの店が閉まった。より高い賃金を求めて友人が一人また一人とポルトガルを後にした。いずれも、何らかの優れたスキルがあり、収入の低さに不満を持つ友人ばかりだったという。中でも多かったのは看護師が英国にわたるケースだ。「英国では多くのポルトガル人看護師が働いている。英国にはない、看護師になるための良質な大学がポルトガルにはあり、よい教育を受け、様々な専門知識がある看護師がいるためだ」と言う。

ブルーノさんは自身を左派志向の人間だと自認している。ただ、右派政権が行った政策のすべてを否定することはできないという。「国民に痛みを強いた緊縮策が経済成長にブレーキをかけたのは間違いないが、右派政権は法人税の引き下げも実施している。これで生き残れた企業もある。右派政権は人々の生活を苦しめた一方、企業が利益をあげやすくした。左派の人々とは意見が違うだろうが、私はポルトガルを救った政策だと評価している。企業が国外に出るのを防ぐ効果があったのだから」と話す。

さらに、左派政権になった今も緊縮は終わっていないという。

確かにかつてに比べれば、緊縮の度合いは弱まり、削減された労働者の権利も復活しましたが、政府は慎重に進めていて、すべてはゆっくりと進んでいます。今の問題は、失業のレベルではなく、賃金のレベルです。公的給付があっても、ポルトガルの賃金で生活していくのは本当に難しいのです。ＩＴエンジニアの初任給はドイツ、フランスなら２０００～３０００ユーロもらえます。ポルトガルだと幸運なケースでも１０００ユーロほど。物価、特に都市部の家賃は手に負えないほど高くなっています。

ただ、人々の気持ちの変化に希望も感じているという。

左派の３政党の協力はとてもいいことで、国民の間にある種の期待感を生んだと思います。ポルトガル国民の誇りは緊縮でめちゃくちゃにされましたが、左派の連立政権は希望になりました。

否定される奇跡

次に話を聞いたのは、月350ユーロ（約4万2000円）に満たない年金で暮らすファティマさんだ。ファティマさんは「ポルトガルの奇跡」を完全に否定した。

外国の人の評価や意見を信じるべきではありません。ポルトガルは今も昔も貧しいままです。私はまた、バイロ・アルト（リスボンの観光地区）のホテルで観光関係の仕事を始めました。今の年金額では家賃も賄えず、働かざるを得ないのです。ブリュッセル（EU本部と欧州委員会のこと）で決まることなんて、私たちの生活なんて考えられていないでしょう。彼らにはポルトガルの国政や地方政治なんて関心ないでしょうから。

経済危機で仕事を失い、フルタイムでタクシー運転手をするようになったというロドリゴさん（58）も現状を嘆いていた。「パン屋、総菜屋、魚屋……。少し前はリスボンには家族経営の店や小さな商店がたくさんあって、本当に活気があった。でも今では、ほとんど閉まってしまった。観光客向けの家具付きのアパートメントやレストランがわずかに残るだけだ。悲しいことに、自分はこのアパートメントやレストランを使う観光客のおかげで収入を得られているんだ」と複雑な胸のうちを明かす。

厳しい緊縮に苦しんだポルトガルの人々が希望をかけた反緊縮。だが、待っていたのは必ずしも、私たちが「奇跡」という言葉で安直にイメージするようなバラ色の未来ではなかった。現実的な課題はまだ山積している。例えば、経済はこの間成長したが、ＧＤＰの規模（２０１9年）は依然としてＥＵ加盟28カ国中19番目。

ポルトガルは本当に奇跡を起こしたのか。私は、事前に話を聞かせて欲しいとお願いしていた、反緊縮運動の原点とも言うべき人のところへ向かった。タクシーに乗り、どこかノスタルジックで、穏やかな雰囲気の町並みを見ながら着いたのはリスボン郊外のカフェテリアだった。

２：政府を動かした若者

絶望の歌

緊縮下のポルトガルで、デモの参加者がよく口ずさんでいた歌がある。タイトルは「私は何て愚かなのか（Parva que Sou）」。職に就けず、家庭も持てない若者の苦しみをつづっている。

当時のポルトガルの人々の絶望、怒り、悲しみを表し、デモを象徴する歌として知られた。

私は収入が得られない世代。でも、それが私を悩ませているわけではない。私は何て愚かなの。

ひどいこの状況は続くでしょう。だから、インターンになれるだけでも幸運なの。私は何て愚かなの。思うの。奴隷になるために勉強しなければならない、ばかげた世界だと。

私は両親と同居する世代。もし、すべてを持っているとしたら、求めるものなんてない。子どもも夫も、いつだってなかなか手に入れられない。今あるのはローンが残った車だけ。思うの。奴隷になるために勉強しなければならない、何てばかげた世界だと。

私は不平を言う世代。私よりひどい誰かがテレビに出ている。私は何て愚かなんでしょう。

私はもうこれ以上何もできない世代。この状況は長い間変わらないでしょう。

私は愚かじゃない。思うの。奴隷になるために勉強しなければならない、何てばかげた世界だと。

（著者訳）

この歌詞を知った時に、私の頭に思い浮かんだのは、日本のロストジェネレーションだった。非正規、低収入で結婚ができない世代。ポルトガルのロストジェネレーションはいかに立ち上がったのだろうか。デモを主導し、この歌を広めたジョアン・ラブリンカさん（36）に話を聞きたいと連絡をすると、二つ返事で快諾してくれた。

歴史的なデモの前夜

リスボン郊外にある、地元の人で混雑したカフェテリア。ラブリンカさんは「食事をしながらでも」とランチを注文し、インタビューが始まった。

最大のきっかけになったのは雇用不安でした。デモは「失業と低い賃金で希望がない極寒世代（ポルトガル語で「Geração à Rasca」）」と名付けられました。主に若者を鼓舞するもので、当初は多くの若者が参加しましたが、最終的にはあらゆる世代の人が参加しました。メディアは若者の抗議運動だと表現していましたが、間違っています。雇用不安は若者だけでなく、私の両親世代、祖父母世代にとっても現実の問題だったからです。

主なメッセージは、緊縮に対する批判です。それが、大きなエンジンになりました。IMFが公式にポルトガルに来たのは、運動を始めてから2～3カ月経った頃でしたが、実際にはすでに緊縮策をめぐる交渉が水面下で行われていました。社会保障を削減したり、医療サービスの負担を重くしたりする緊縮策が、人々をデモに向かわせる理由になりました。

ジョアン・ラブリンカさん。リスボン市内。2019年12月11日

私はかつて政党に所属していましたが、運動に加わる5年前にやめていました。まだリスボンに来て6カ月で、ここには何もネットワークがなく、職を得るために、あちこちに履歴書を送っていました。しかし、何も返事がないか、信じられないほど悪い雇用条件でばかけたオファーがされるかのどちらかでした。中にはその職を得るために、まずはある程度のお金を雇用主に払わなければいけないといった、信じられないようなオファーもあり、すさまじいストレスを感じていました。

でも、ふと周りを見た時に、自分だけではなく、みんな同じ状況であることに気づきました。仕事を二つ以上掛け持ちしている人でさえ、光熱費や水道代を払えないのです。

ポルトガルの若者を直撃した経済危機。働きたくても、生活をしていけるだけの収入が得られる仕事にありつけない。不安に押しつぶされそうになった若者が、救いを求めたのは、前述した歌だったという。

デモの象徴となり、極めて重要な役割を果たした歌は最初、YouTubeに投稿されました。歌が広がる前のことです。あるコンサートでこの歌が流れると、観客が次々に「自分のことだ」「まさに今感じていることだ」と反応しました。泣き始めた人もいました。こうした人々が自発的に運動に加わったのです。

私もこの歌にとても胸を打たれた一人です。自分たちは何かをしなければならない。そんな思いに駆られ、フェイスブックにデモの参加を呼びかける投稿をしました。すると、一気に火がつきました。わずか1～2日で賛同する人は指数関数的に増えていきました。正直、怖くなったほどです。私は友達三人を呼び、「大変なことになった。助けてくれないか」と相談しました。政党や国会議員にも声をかけ、できるだけ、統制の取れたイベントにしようと決めました。

友人の一人がジャーナリストだったため、プレスリリースもつくって報道機関に送りました。ただ、当初はメディアの反応はあまり芳しくありませんでした。「よくこんな大それたことを企画したな」「若造が国会議員をデモに招待するなんて」といった具合です。でも、興味を持ってくれたメディアもあり、インタビューも受けました。あるテレビ番組で放送された2分のインタビューがフェイスブックに投稿され、さらに広がりました。

当時、私は失業していたので準備期間の2～3カ月、すべての時間を使うことができました。睡眠時間を削って、参加者のデータベースをつくり、アーティストや著名人への招待を続けました。（ポルトガル第二の都市である）ポルトなど他の都市の人々から相次いで、自分の街でもという声が殺到しました。

1万人→50万人に

絶望の歌をきっかけに生まれたデモは、企画したラブリンカさんの想像を遥かに上回る数の人が参加し、反緊縮運動の足がかりとなる。最初のデモは２０１１年、ポルトガルで反緊縮政権が誕生する４年前のことだった。

私は基本的には楽天家で、当初は、デモに1万人も来ればいい方だと考えていました。1万人であったとしても、労働組合や政党主催のデモ以外では極めて多い人数です。ところが、結局、デモの参加者は50万人にまでふくれあがり、ものすごいことになりました。期待を遥かに上回る規模でした。

参加した人々は、あの「私は何て愚かなのか」という歌を歌い、デモに力を与えました。高齢の参加者の中には泣いている人もいました。（独裁政権を倒し、「リスボンの春」と呼ばれた）１９７４年の無血革命（カーネーション革命）を重ねていたんだと思います。自ら連絡を取ってきて、参加したアーティストもいました。トラックのステージに上がり、デモの中心で歌ってくれました。あの年の（欧州最大級の国別対抗の歌謡祭である）ユーロビジョン（・ソング・コンテスト）のポルトガル代表のバンドのメンバーの中には、デモを支持してくれた人がいました。歌の内容もデモと呼応するものでした。デモの準備はユーロビジョンの選考と同時進行で進みました。国内予選で勝ち、彼らはその年の主催国のドイツに行きました。まさに緊縮を象徴する国ドイツで、彼らは歌を披露し、ポルトガル国民は熱狂しました。本当にたくさんの大きなことが同時に起きていて、私たちはすべてのことがコントロールできていませんでした。とにかくデモを企画することに集中しました。私たちにとって最初のデモこそが希望だったからです。

涙のデモ

反緊縮の思いでたくさんの若者が集まったデモは、ついに倒閣に発展する。だが、政権交代は思い描いた形で実現しなかった。

デモから2週間後、第四次緊縮計画の議論が国会で始まりました。路上のデモのプレッシャーから、（ジョゼ・ソクラテス）内閣は総辞職し、解散しました。その後、行われた選挙では（中道）右派政党が勝ち、政権を得ました。彼らは「ＩＭＦの要求以上の緊縮をする」と言い、人々は失望しました。新政権下で準備を進めた10月15日の2回目のデモに参加したのは、たった1万人でした。すべての環境は変わり、季節も移っていました。最初のデモは春の3月でしたから。でも、２回目のデモは、より大きな怒りと失望に満ちていました。反対したところで、何も起こらないだろう、政府の辞職もないだろう、そんな空気が広がっていました。運動の機運が急速にしぼむのを感じ、その後1年近く、私たちはデモをしませんでした。

しかし、２０１２年９月、再び人々は立ち上がりました。「トロイカをつぶせ」。そんな名前で始まったデモは、のべ１００万人が参加しました。連日のデモを受け、政府は妥協し、いくつかの緊縮策を断念したものの、大半は維持しました。とても悲しいデモでした。参加者はＳＮＳで「葬式のようだ」と口々に話し、ほとんど泣いていました。無血革命の時の歌を歌い、経済にも、民主主義にも希望はないことを嘆く人もいました。具体的な提案を一顧だにしない姿勢の政府に強いいらだちを感じました。

１００万人はポルトガルの人口の10％です。過去の世界の例を見てもこんな大規模なデモはありません。でも、かつてないほど大規模ながら、デモはおおむね民主的で平和的な方法で行われました。ただ、若者に「生まれ育ったこの地を離れ、移民せよ」と言っているに等しい政府に、耳を傾けて欲しかったのです。

動き始めた歴史

当時のことを「葬式のようだった」と悲しそうに語るランブリカさん。しかし、デモの拡大につれ、次第に野党が動き出す。やがて反緊縮は国政の舞台で大きな議論になり、政治を変えていく。

デモをきっかけに、それまで一度も共闘してこなかった左派の3政党が協力するようになりました。様々な運動を一つにまとめ、枢要な政治家や活動家を集め、協働体制をつくりました。その結果、政府の債務に関して協議するプラットフォームができ、政府の債務や、秘密にされていた国と企業との契約を検査するよう求めました。こうした動きが2015年の反緊縮政権の誕生と政権合意に結びついたのです。

3政党はようやく、国民が緊縮にうんざりし、彼らに協調して仕事をするよう求めていることに気づいたのです。私は反緊縮デモの中心にいる間、ずっと何も成し遂げていないと感じていました。でも、今振り返ってみると、すべてのことはあの運動のおかげだと感じるのです。実際、雇用不安に関して、極めて具体的な法案の提案もしました。最大の成果は、公共部門での非正規雇用の禁止です。政府が最大の非正規雇用主でしたので、重要な改革でした。

反緊縮のページをめくったのは、ラブリンカさんのような若者だった。財政支出を減らすのではなく、増やして、厳しい境遇にある人々のために使って欲しい。そんな思いを左派政党が受け止め、本来、彼らの重要な価値観であった、所得の再分配や格差の是正に舵を切った。ラブリンカさんは、財政支出をめぐり、ＥＵやヨーロッパのリベラル政党が抱えている矛盾について、どう考えているのか、訊いてみた。

私は常に親ヨーロッパです。国境は好みませんし、（国境検査なしで人が自由に移動できる）シェンゲン協定やエラスムス計画、ＬＧＢＴの権利、人権、社会保障などのＥＵの制度はとてもすばらしいと思っています。ただ、ＥＵは改革が必要だとも思います。リスボン条約以降、新自由主義派は力を得て、企業や民間部門はより守られるようになりました。改革は簡単ではないでしょう。

将来的には、ユーロ圏にいることでドイツが得られている利益と、ユーロ圏にいることで南欧諸国が失っている利益の差は、ドイツも含め加盟国全体の問題になるはずです。ポルトガルがユーロ圏を抜ければ、すぐに大変なことになります。ＥＵは鳥かごのようなものです。経済への影響を考えると、一度入ると逃げ出すことは簡単ではありません。ただ、ＥＵやユーロ圏にとどまり続ける限り、中から改革をするチャンスがあります。（ＥＵ非加盟の）ノルウェーのように、ＥＵルールの遵守が義務づけられながら、政策決定過程に全く関与できないというような立場になるのは避けるべきです。

EUのリベラル的な価値観には共感できるものが多くても、経済政策には疑問が多い。これが、この間、EUやリベラル政党から人々の心が離れた主因だろう。ポルトガルは左派政党が若者の運動に迫られる形で、そのギャップを埋めてきたということだ。最後に私はラブリンカさんに、最も訊きたかった問いを投げかけてみた。今のポルトガルはデモで多くの若者が望んだような国になっていると思うのか。

奇跡は起きたのか

確かに以前に比べればポルトガルはよくなりました。それは事実です。でも、あの「私は何て愚かなのか」という歌が描いた状況は今も変わっていません。大きなメッセージの一つだった雇用不安の問題は解決されず、むしろ、非正規雇用は以前より増えています。経済全体の構造は、ウーバーの運転手のような不安定な仕事を多くつくるように向かっています。奴隷になるために勉強しなければいけない状況は、あの頃と同じです。

さらに大きな問題は、生活コストと賃金のギャップです。反緊縮政策に舵を切って以降、賃金は著しく改善しましたが、まだ不十分です。インフレやコスト増に対応できていません。特に住宅費の高騰は大きな問題で、人々の頭痛の種になっています。今やリスボン中心部に住むのはとても困難になりました。正直に言って、ポルトガル政府が直面している問題に対処できるか、確信を持てません。グローバル化が進んだ、巨大な欧州市場の中では、ポルトガル経済はとても小さいからです。政府の債務レベルも依然として高く、ポルトガル経済は再び破綻の危機に直面すると人々は思っています。

ただ、じゃあ、私たちの運動に意味がなかったかというとそうは思いません。反緊縮運動から出てきた提案は、労働者層の思いをもとにしたもので、誰かをスケープゴートするようなものでもありませんでした。私たちの成果は、新自由主義でも極右でもない、新たな選択肢を提示したことにあると思います。

グローバリゼーションvs.反緊縮

ラブリンカさんから感じたのは、ある種の諦観にも近い思いだ。友人と歴史的なデモを成し遂げたにもかかわらず、変わらなかった政府、ＥＵ、ＩＭＦ。だが、後年、デモに託された思いは結実し、反緊縮に舵が切られた。その結果、一定の成果は得たものの、ふと周りを見てみれば、経済状況は依然として厳しい。ポルトガルが激動する中で、繰り返された失望と歓喜が、今の彼を形作っているのだろう。

「ポルトガルの奇跡」が冷徹に示すのは、グローバル経済の中で小さな国ができることの限界なのかもしれない。緊縮を強いられたポルトガルからは将来を担うはずの若者が多く流出し、投資資金も企業も同様になくなった。その受け入れ先となったドイツなどはまさに、欧州債務危機の最中にあってもグローバル経済の恩恵を受けてきたといえる。

反緊縮に転じた後、ポルトガル経済は息を吹き返したが、こうした大きな流れを変えることはできなかった。もろくなった産業基盤に労働力不足。他の欧州の国との経済の差を縮めるのはより困難になっていく。財政支出で先端産業に投資をしたり、消費を誘発したりして追いつこうとすれば、かなりの規模の予算が必要になる。だが、その裏付けとなる税収は依然として心許なく、政府債務のレベルも他の国に比べて高いままだ。不況時には、本来なら通貨も安くなり、輸出が増えたり、投資を呼び込んだりすることが期待できるが、統一通貨であるユーロはポルトガルの事情だけで相場は決まらず、その恩恵にもあずかれない。

だが、改めて思うのは、人々の苦しい生活や怒り、悲しみに政治が思いをはせる重要さだ。本来所得の再分配を訴えるべきところで、財政を気にして緊縮を是認してしまうような態度では、人々の悲しみに寄り添っているようには見られない。財政改善を錦の御旗にして、緊縮策の影響を多く受ける人々をないがしろにするのは悪手でしかないだろう。経済危機やグローバル化など、自分ではどうしようもない外部要因で苦しみ、不満を持っている人々にいかに寄り添うか。月並みだが、こうしたアプローチしか解決に近づく方法はないということを、ポルトガルの苦難は示している。

ポルトガルはまだ、反緊縮の先に見据えたゴールにはたどり着いていない。ただ、時間はかかったが、ポルトガル政府は他の欧州の国と異なり、立ち上がった若者に向き合い、少なくとも、そのゴールに向かう希望を見せた。そういう意味では、やはり「ポルトガルの奇跡」は、奇跡だったのだろう。そんなことを思いながらポルトガルを後にした。

３：ＥＵの苦境

ＥＵトップの見解は？

欧州リベラリズムの苦境の象徴の一つは、ＥＵの陥ったジレンマだ。大戦後のヨーロッパ（西側諸国）で人権、民主主義、多国間協調を追い求め、リベラリズムの象徴的な存在になったＥＵは、近年、反移民、保護主義、自国第一主義の強い逆風にさらされている。２０１６年には英国がＥＵからの離脱を決定。２０１７年にはＥＵとともに世界でリベラリズムの旗を振っていた米国で、自国第一主義を掲げるトランプ政権が誕生した。トランプ大統領は就任後、ＥＵへの批判をエスカレートさせ、ＥＵの逆境はさらに深まった。

反移民や反リベラリズムの主張をＥＵのトップはどう捉えているのか。私はブリュッセル在任中、ＥＵの行政機関・欧州委員会トップのジャン＝クロード・ユンケル欧州委員長と、ＥＵの大統領に相当するドナルド・トゥスク首脳会議常任議長に様々なルートを使ってインタビューの依頼を出し続けた。

当時、28カ国を相手にただでさえ忙しく、さらに、難航する英国との離脱交渉、揺さぶりをかけてくる米国のトランプ政権への対応などに追われていた二人からすれば、極東のメディアのインタビューに応じるメリットはほとんどない。

ただ、好材料もあった。ＥＵと日本との関係だ。苦境のＥＵにあって、政治、経済、外交で基本的な価値観を共有できる日本の存在感は高まっていた。２０１７年には、交渉開始から４年経ち、締結が危ぶまれていた経済連携協定（ＥＰＡ）も大枠で合意。世界のＧＤＰの３割弱をカバーする自由貿易圏ができることになった。合意の前後には岸田文雄外相（当時）、安倍晋三首相（同）が相次いでブリュッセルを訪れ、ユンケル氏、トゥスク氏らＥＵ幹部とともに自由貿易を重視する姿勢を強調し、保護主義を牽制した。

こうした状況がどの程度、影響したのかは分からないが、それから2年後の２０１９年6月、ユンケル氏の報道官から突然、インタビューに応じると連絡があった。

ヨーロッパの小国ルクセンブルクで１９５４年に生まれたユンケル氏は１９８２年、20代の若さで同国労働・社会保障省政務官に就任した。主に社会保障の分野でキャリアを積み、１９９５年、40代で同国首相に。財務相も兼務し、共通通貨ユーロの導入に尽力し、２００４年にはユーログループ（ユーロ圏各国の財務相の会合）の議長になった。２０１３年に首相の座とともに、ユーログループの議長も辞したが、翌年の２０１４年に就いたのは、欧州委員長という、ＥＵの行政機関の最高ポストだった。

まさにヨーロッパ政界のエリート街道を歩んできたユンケル氏だが、私が会見や首脳会談などの場で受けた印象は少し異なる。笑顔を絶やさず、ジョークを多用し、外交の場面では各国首脳とハグを欠かさない。日本的に言えば、時としてボケ役にも徹する。きまじめなトゥスク氏はツッコミ役で、日本人記者の間では、会見での二人のやりとりを漫才にたとえることも少なくなかった。28カ国を相手にする行政機関のトップとして相手を立て、調整役に徹し、少しでも物事を前に進めていく。そんな政治家としての信念のようなものを感じる場面が少なくなかった。

ユンケル氏が普段執務する欧州委員会は、「朝日新聞」ブリュッセル支局が入るオフィスビルと道を挟んだ場所にある。会見やレク（非公式の記者への説明）で日常的に訪れている場所だが、この日は違う。このインタビューのためにロンドンから「朝日新聞」の石合力欧州総局長も出張してきていた。セキュリティチェックを済ませ、報道官に伴われ、やや緊張しながらたどり着いた欧州委員長室でユンケル氏は、会見で見せるいつもの笑顔で出迎えてくれた。

６月にしては暑い日だった。こちらの緊張感も伝わったのだろうか、ユンケル氏は手持ちの携帯扇風機を私に向けてスイッチを入れ、雰囲気は急速に和んだ。多忙なユンケル氏から与えられた時間は20分。執務室内にある長テーブルに座り、早速、インタビューを始めた。

防げた英国のEU離脱

最初に訊いたのはEUの歴史上、初めての縮小となる英国の離脱についてだ。EUの行政トップとして、離脱の決定を阻止できなかったことを後悔していないのか。率直な思いが知りたかった。

EUからの離脱の是非を問う英国の国民投票は、我々が求めたものではありません。決めたのは英国です。さらに、英国の首相だったキャメロン氏は我々に、国民投票のキャンペーンに介入して欲しくないと伝えてきました。私たちはその考えに従ったのですが、これは大きな間違いでした。国民投票の選挙期間中、EUについてありとあらゆるうそが広まったからです。「これはうそだ」と指摘する対応をするべきでしたが、我々はそうしなかった。やるべき義務を怠りました。

英国のEU離脱は避けられたものだった。明言はしなかったが、ユンケル氏の言葉からは、そんな悔恨の思いが感じられた。大陸欧州とはそもそも距離があったとはいえ、自分が欧州委員長である時に、イギリスという大国を失ったショックは計り知れないだろう。

ただ、国民投票のキャンペーンにEUが反離脱を掲げ、積極的に関わったとしても、結果が変わったかは疑わしい。むしろ逆効果になった可能性もある。なぜなら、英国民がＥＵからの離脱を望んだ理由の一つには、ブリュッセル（ＥＵ本部）からの指示を受けたくないという声があったからだ。この英国民の思いをどう受け止めているのか。

ジャン＝クロード・ユンケル欧州委員長。ベルギー・ブリュッセル。2019年6月24日

ブリュッセルに支配されたくないという人々の考えはよく分かります。自分がルクセンブルクの首相だった時も、欧州委員会の支配には強く反発していましたから。私はここブリュッセルで、欧州委員長として、こうした印象を持たれないよう、できうるあらゆることをしてきました。日々感じているのは、ここで働くＥＵ官僚は極めて優秀で、物事を見ない、愚かな専門家集団では決してないということです。個々の加盟国の存在を消そうなどとはしていません。ＥＵがうまくいくために、欧州委員会は異なる加盟国と緊密に連携する必要があるというのが持論です。国家は歴史上の一時的な存在ではなく、永遠に存在します。Ｅ

U本部で働く人はそのことを理解しなければなりません。

では、どうすれば、EUに懐疑的だったり、欧州のリベラリズムに疑義を呈したりする人々に、EUが自分たちのためになる組織だと思えるようになるのか。


まず、私たちが目指しているのは欧州合衆国（ユナイテッド・ステーツ・オブ・ヨーロッパ）ではない、ということを理解してもらう必要があります。「モア・ヨーロッパ（欧州はもっと統合を進めよ）」というスローガンは使うべきではないとも思っていますし、すべての決断をブリュッセルでするべきではありません。

我々は、不完全なEUを、より完璧で、よりよいものに変えていくよう努力すべきです。特に整備が不十分な社会政策の側面に十分な予算と力を注ぐべきです。防衛、研究開発、技術革新もそうです。若者にももっとすべきことがあります。（EU加盟国間の留学推進制度である）エラスムス計画は大きな成功を収めていますが、予算を2倍、3倍にしてもいいと思います。EU外の国にも加わってもらってもいいでしょう。国を越えた人の交流は極めて価値があります。EU内の人の能力、知識だけで欧州が運営されているわけではありません。中国にも日本にも加わって欲しいのです。

私自身、「EUは（加盟国を支える）補完的な機関」だという補完性の原則を強く信じています。起きている問題、出来事、生活している人々により近い人たちが政策の決定者であるべきです。他人が住む場所で、よそ者が決定権を持つべきなんて考えは持っていませんし、そんな知見もありません。そんな考えはノー、ノー、ノーです。私が欧州委員長になってから、欧州委員会主導の政策を前委員会時代から85％減らしました。欧州委員会は常に、他の関係者の意見を聞くことが求められています。ブリュッセルから支配するのではなく、（各国に）伴走しなければなりません。欧州委員会が言っているから、そうすべきだという手法を私はとったことはありません。

とはいえ、「栄光ある孤立（19世紀後半のイギリスの非同盟政策）」は、私が欧州で意図しているものではありません。ＥＵは地域社会や地方政府、国家だけでは扱えない問題の対処に責任を持つべきです。ＥＵは大きなものに対処できるようにしつつ、それ以外のものについては控えめでありたいと考えています。

自国第一主義の問題は

インタビューの直前には5年に一度の欧州議会選があった。ユンケル氏自身が所属する親ＥＵの中道右派政党（欧州人民党）だけでなく、中道左派政党（社会民主進歩同盟）も議席を減らし、中道政党の合計議席が過半数を割る一方、ＥＵに批判的な、右派ポピュリスト政党などが躍進した。ＥＵ懐疑派の支持拡大をどう受け止めているのか。

今回の欧州議会選の投票率が、過去の議会選より投票率が高かった（過去20年で最高の50・62％）ことは喜ばしいことです。投票結果からは、新たに投票した人が欧州統合について異なる考えを示したとも言えます。世論を見る時、EUに対して疑問を持つ人がすべて「欧州懐疑派」や「反欧州」だというような単純な見方には反対です。彼らには疑問を持つ正当な理由があるからです。言いふらすわけではありませんが、私自身、少なくとも1日5回はEUに対する疑問を持つようにしています（笑）。ばかげたナショナリストと、EUに対して疑問を持つ人々をひとくくりにしてはいけません。

右派政党の台頭など、政治の両極化は多くの加盟国の国内政治で起きていますが、EUレベルでは必ずしも当てはまりません。主張の一部に正しい面もありますが、ポピュリスト政党は国内で存在できても、欧州では封じ込められ退潮しつつあるというのが事実です。彼らには（欧州統合という）システム全体を破壊することはできないのです。今回の選挙でも議席の伸びは事前の予想を下回りました。そういう点で結果はよくありませんでしたが、想定していたよりはよかったです。

自国の利益を強く主張し、多国間の自由貿易や移民の受け入れに否定的な、いわゆる「自国第一主義」は、多国間協調を土台にするEUとは対極に位置する。だが、なぜ政府が自国民の利益を優先してはいけないのかと問われると、反論は難しい。その点について見解を訊いてみた。

ある加盟国に正当な理由があり、「自国の利益を守らなければならない」と主張したとするなら、それは受け入れるべきだと思っています。一方で、他の加盟国と妥協する必要もあります。ＥＵには加盟28カ国それぞれの国益とＥＵの全体益があるからです。それは絶対に忘れてはいけないことです。ある国が「私の国が一番大事だ」と言い続ければ、その国はたやすく真っ先に孤立する国になります。

ＥＵと移民問題

反リベラリズム、反ＥＵの背景の一つにはＥＵへの移民がある。これまで何度も見てきたように、ＥＵの基本理念の一つである国家間の移動の自由が、移民の流入を助長しているという主張だ。特に、シリア難民など１００万人以上が欧州に押し寄せた２０１５年の難民危機時に多くの難民を受け入れたドイツの対応が、右派ポピュリズム政党の台頭を招いたとも言われている。欧州委員長として、事態の収拾にあたったユンケル氏はこのことについて、どう思っているのか。

ポピュリズムあるいは、右派、極右の動きを難民危機によって部分的に説明することはできるでしょう。ただ、難民を受け入れたのはメルケル首相（当時）のドイツだけではありません。他の国も国境を開け続け、難民を受け入れました。彼女は国境を開けたのではなく閉めなかったのです。閉めるというのは難しいことです。ところが極右やポピュリストは、「なぜ彼女は国境を開けたのか」などと言う。そうではありません。私は彼女がしたことは正しかったと思っています。

私は移動の自由を強く支持していますが、犯罪組織やテロリストが悪用しているのは事実でしょう。ただ、誰が入国できるかを管理するのはEUではなく、各国です。オランダとドイツの国境を渡るテロリストを、ブリュッセルから管理することはできませんが、当事国ならできますから。

EU加盟国間の難民のリロケーション（割り当て）について、ハンガリーやポーランドなどで欧州委員会が批判されますが見当違いです。提案したのは欧州委員会ですが、決めたのは加盟各国の閣僚からなる理事会です。それに、メディアは書きませんが、リロケーションは機能し、すでに3万5000人が受け入れられています。何も150万人をリロケーションさせようとは思っていませんでした。日本の方にも、我々は批判されているほど愚かではないということを知ってもらいたいです。

ユンケル氏が繰り返し主張する通り、ＥＵは近年できる限り権限を手放し、加盟国に戻そうとしている。国境管理を決める裁量も各国にある。ただ、ＥＵのシェンゲン協定の加盟国の間で移動が原則自由であるのは確かで、それに不安を覚える市民がいるのも事実だろう。リベラル的な政策と安全保障は対立しやすく、そのバランスは極めて難しい。

トランプ大統領をどう評価するか

そこを突いたのが、他でもない米国のトランプ大統領（当時）だ。国境に南米からの移民を防ぐ高い壁をつくる考えを示したのはその最たる例だろう。トランプ氏はＥＵを批判し、かつてともに苦難の末こぎつけたイランとの核合意を破棄し、ＥＵとの自由貿易交渉を中断させた。欧州各国も加盟する軍事同盟ＮＡＴＯでは、米国に頼らず防衛費を増やせ、と突き放した。ユンケル氏の考えと真っ向に対立するかに見えるトランプ大統領にどう向き合うのか。

トランプ大統領を説得するのは簡単なことではないでしょう。でも彼は自身（の振る舞い）で誤解を広げている部分もあります。人々が思っているより、極めて前向きな人間です。ただ、ＥＵが対米国の新たな戦略を考えていたとしても、明かすことはできません。それがメディアで公になった瞬間に、その戦略は有効でなくなってしまいますから。

トランプ大統領について思うところはあるのだろう。だが、多くを語らず、ポジティブな面だけに言及するのは、幾多の政治交渉をまとめてきたユンケル氏らしく感じた。ユンケル氏の話は、日本に及んだ。

我々は常に日本と同じ見方をしているわけではありません。でも、同じ価値観を共有しています。日本と結んだ経済連携協定（EPA）は、世界のGDPの3分の1を占める世界最大の自由貿易協定です。この協定は、ビジネスや税率のことだけでなく、共通の価値観についても言及しています。日本との関係は今、過去にないほど質の高いものになっています。世界における主要な戦略パートナーです。中国の首脳や米大統領と何か交渉した際、日本側にはその内容を伝えています。日本とEUの関係に悪い影響を与えたくないからです。日本とEUは（自由貿易の推進という）同じ水路を泳いでいます。他の国はこの泳ぎ方を習う必要があります。

反EUの流れが強まる中で、EUにとって日本の存在感は高まっている。ユンケル氏にとって、日本が重要なカードだったのは間違いない。日本もそのチャンスを利用し、確かにこれまでにないほど友好的な関係を築いていると言える。EU側が、対米中のやりとりを日本側に伝えているというのは、日本をそれだけ信頼し、期待しているということだろう。インタビューの時間はここで終わった。最後にユンケル氏が話し始めた。

「反ＥＵの動きがもっぱら注目されますが、逆の流れもあります。18歳から30歳までの若者がＥＵ加盟国の内外でボランティアをしたり労働に参加したりする「ヨーロピアン・ソリダリティ・コープス」は私の（時代の）欧州委員会が始めました。12万人がボランティアに登録し、すでに１万４０００人が実際に活動しました。これこそ、私が夢見たベストな欧州の姿です。

ユンケル氏はインタビューで「私自身、少なくとも１日５回はＥＵに対する疑問を持つようにしています」「ばかげたナショナリストと、ＥＵに対して疑問を持つ人々をひとくくりにしてはいけません」などと、反ＥＵ、反リベラルの主張に何度も理解を示した。ただ、「ばかげたナショナリスト」という言葉をあえて使ったように、譲れない一線もある。欧州は第二次大戦後、ヒトラーのドイツやムッソリーニのイタリアに代表されるような独裁主義、国粋主義と決別し、協調主義を広げることで平和を築いてきた。

両極の意見や考えが広まりやすい時代、政治を進めていくのは簡単ではない。ユンケル氏は反対派の意見をできる限り尊重しながら、押し寄せた移民の問題に対処し、離脱を決めた英国に向かい合ってきた。いわば、政策責任者として、ベターな妥協点を探ってきたとも言えよう。

しかし、そういう行動、考えは伝わりにくい。移民を受け入れるか、そうでないか、グローバリゼーションに賛成か反対か、という二元論の前ではユンケル氏のような調整主義的な手法は目立たなくなってしまう。リベラル派と一口に言っても、例えば、移民政策や環境政策などを見ても、意見は様々だ。政治的な主義だけでなく、経済的にも二極化が進み、絶対的な価値観が揺らぐ中、多様な加盟国で構成されるEUを運営していくのは、困難を極めることだろう。

ユンケル氏はインタビューの3カ月後、欧州委員長の任期を迎え、退任するとともに、政治の表舞台からも降りた。インタビューで次に何をするのか、尋ねた時に返ってきた答えはこうだ。

私がルクセンブルクで政府高官に任命されたのは20代後半でした。それから（首相退任の）2013年まで、ルクセンブルク政府で働きました。そして欧州委委員には2014年11月からいます。もう充分です。今後は私が得た知識から、欧州の人々にとって利益になるようなことをしていきたい。

充実感の一方、心身ともに酷使し、疲弊したユンケル氏の胸のうちも感じずにはいられなかった。戦後、政治家としてリベラルな欧州を作り上げてきた人々は今後、徐々に表舞台から去っていく。リベラルな立場を掲げる政党、政治家の意義、態度が厳しく問われている中、人々から広く支持される新たなリベラル像を描ける政治リーダーが出てくるのか。そんなことを考えながら、ユンケル氏の執務室を後にした。

反リベラルのメロディー

ユンケル氏と二人三脚でＥＵを引っ張っていたのは、共産圏だったポーランド出身のドナルド・トゥスク氏だ。ＥＵの大統領であるＥＵ首脳会議常任議長として5年間、28の加盟国の調整に奔走した。ユンケル氏のインタビューの次はトゥスク氏だ。私がベルギーを離任する時期が迫っていた２０２０年1月、そのチャンスは訪れた。

ＥＵ首脳会議常任議長の任期を終え、欧州議会最大会派「欧州人民党」の党首の座に就いたトゥスク氏はブリュッセルにある会派の事務所で、リラックスした様子で夫人とともに取材に応じてくれた。その日はまさに英国のＥＵ離脱を数日後に控えたタイミング。インタビューはその話題から始まった。英国の離脱は、かつて共産圏だったポーランドの政治家という視点からは、どう見えるのか。

欧州をできる限り、平和でフレンドリーで協力的にする――。独裁体制の意味を知っているだけに、ＥＵは平和のための最高の政治的発明だと信じています。ＥＵは自由、人権、高いレベルの民主主義のシンボルでした。それだけに、ＥＵを弱める英国の離脱は、つらいのです。

ただ、離脱を問う英国の国民投票では、そうしたEUの価値観が非難の対象になる場面があった。EUにも問題はあったのではないか。

確かに、EU離脱は英国民の怒りの一つの表現であったと思います。EUが体現してきたリベラル・デモクラシーへの対立軸として、離脱が人々に支持されたという側面もあると思います。感情、伝統、国益がとても複雑に絡み合い、その原因になったのでしょう。

ドナルド・トゥスク氏。ベルギー・ブリュッセル。2020年1月

トランプ大統領が当選した米国の大統領選でも同じ現象が見られましたが、それはとても危険な傾向です。愛国的で孤立主義で、外国人を敵とみなし、反移民感情を高める、そんな感情、怒り、恐れの融合です。問題の核心はこうした反リベラルのメロディーが奏功してしまうことです。英国のEU離脱はまさにこのような言説に導かれました。今後、外国人嫌悪や反移民を訴えるナショナリストやポピュ

リストをさらに勢いづかせることになるのではと懸念しています。

では、こうした言説に対抗するのは極めて困難で、英国の離脱も防ぎようがなかったということなのか。

最大の原因はキャメロン首相の政治的ミスです。国民投票があったのはユーロ圏の金融危機と、（地中海などを越え欧州にわたる難民申請者が年間１００万人を超えた）難民危機の直後で、欧州が不安定で混沌としていた時でした。いわば最悪の時です。

キャメロン首相は、英国で台頭していた極右に勝ち、英国がＥＵ加盟国であることの最強のお墨付きを得ようとしていましたが、徹底的に準備不足でした。私は何度か国民投票をやめるべきではないか、とキャメロン首相に言いました。「本当に必要なことなのか」「安全な案なのか」と。ただ、キャメロン首相は「状況はアンダーコントロール（順調）である」と絶対的な確信を持っていました。国民投票の選挙期間中、終始、残留が多数派だった世論調査も、準備不足に拍車をかけました。私は世論調査の結果があまりに楽観的なので、国民投票の2～3カ月前には、我々はこの戦いに負けてしまうのではないかと危惧していました。

政治の世界では国民の意見が50対50になることは珍しいことではありません。問題はこうした状況で、いかに明確な計画を持ち、リーダーシップを持って戦いに臨むかです。昨年もロンドンで100万人が残留を求め、デモをしましたが、残留派には政治的リーダーシップが存在せず、分裂していました。これでは勝てません。

20代前半、ポーランドの名門グダンスク大学で反体制系の独立学生連盟を設立したことから、政治活動を本格化させ、独立系出版社の記者、建設労働者を経て、下院議員に。その後わずか10年余りで首相に上り詰めたトゥスク氏らしい見方だ。選挙は戦いで、勝利するには、周到な計画とリーダーシップが必要なのだ。やみくもに正論を訴えていればいいというわけではないということだ。

ユンケル氏はインタビューで「国民投票に介入すべきだった」と後悔の念を口にしていた。トゥスク氏も同じ考えなのか。

国民投票の時期、ジャン＝クロード（ユンケル氏のファーストネーム）とは毎日、「我々に何ができるだろう」と話していました。残留に向けた親EUのキャンペーンがなかったことが明白だったからです。私は、英国の残留という目的を達成するためなら、内政不干渉というルールを破ろうとも考えていましたが、それは逆効果になると思うに至りました。ジャン＝クロードがロンドンに行っても何も変えることはできなかったでしょうし、場合によっては逆効果になっていたかもしれません。英国の世論の中では、彼は悪い意味でのＥＵのシンボルだったからです。私たちは「離脱」という映画の中では、最良の主導者ではなかったのです。

トゥスク氏の言う「反リベラルのメロディー」を口ずさむ人々は、欧州で着実にその力を増している。今後、イギリスに続く国が出る恐れはないのか。

イギリスの離脱は、むしろ離脱願望がある政治家や市民への「予防接種」になっていると思います。中国の台頭や米国の変化など不安定化した今の国際情勢では、一国でいるよりＥＵの一員であることのメリットの方が大きい。「早く行きたければ一人で行け。遠くまで行きたければ、みんなで行け」というアフリカのことわざがあります。イギリスの離脱は短期的な視点によるものですが、ＥＵは恒久的な平和や協力のための極めて長期的な視野に基づくものなのです。

英国の離脱を導いたポピュリズムの動きは拡大していて、自由、民主主義という価値観が危機にあるということは疑いありません。ポピュリストやナショナリストは、人々の感情に訴える能力に長《た》けています。我々の側の政治家は言葉ではなく、人々が納得し安心するような行動を示すとともに結束を維持しなければなりません。各国の野心を抑え、価値観、利益を共有させているEUなき欧州を待つものは争いです。

では、トゥスク氏はそのポピュリストやナショナリストが支持される背景に何があると見ているのか。グローバリゼーションに取り残された人々が反移民、反緊縮の思いを強めているのではないか。私はそんな質問をしてみた。

原因はグローバリゼーションだけではないでしょう。多くの人が、不安定で混沌とした時代だと感じています。孫を持つ私のような世代にとっては、特に技術の進展などによる時代の変化は速く感じます。変化に不安を感じる人々は、階層のトップにいる人から「変化から守ることができる」という言葉を聞きたくなるのです。こうした人々にとって「自由」は、「コントロールできない変化」を意味し、それよりも安全や保障を求めます。

こういう時代、感情に訴える政治は効果的です。移民を例にとれば、「あなたたちが苦境に陥った原因は移民で、問題の本質だ。私は移民からあなたたちを守ることができる」といった具合です。私の母国ポーランドでも、かなりの人々が物事の本質ではなく、権威があると思えるものに信頼を寄せていく様子を目の当たりにしました。米国でのトランプ大統領に対する支持もそうでしょう。ただ、希望もあります。ドイツのメルケル首相は、言葉ではなく行動を示すことで国民から長年支持され、安定した民主主義を保っています。

古代ギリシャの歴史家トゥキディデスは「台頭する新興国は、覇権国よりも強く見える」と語りましたが、今はまさにその時だと思います。欧州だけでなく、日本やオーストラリアなど自由民主主義に代表される西洋的な価値観を共有する国が、異なる社会、政治体制を持ち、人権に対する考えを異にする中国などからいかに自分たちを守り、共存していくかが問われています。どうすればいいのか、完璧な答えはありません。言えることは、我々は国際法を尊重し、高いレベルの民主主義、人権や個人の自由を守らなければならない。そのためには、同じ価値観を持つ国が結束し、覚悟と勇気を持つ必要があります。

厳しい政治環境で民意と向き合い続け、勝ち続けてきたトゥスク氏でさえ、リベラリズムの今後の明確なビジョンは描けていない。トゥスク氏が言うように完璧な答えは、まだ見つかっていないのかもしれない。

第6章

新型コロナウイルスとインフレ

問われるリベラリズム

1：問われたリベラルの価値観

移動の自由をめぐる対立

2020年、瞬く間に国境を越えヨーロッパ中に広がった新型コロナウイルスは、文字どおり世界を変えた。未曽有の危機に、政治のあり方も問われることになった。

当初、新型コロナはヨーロッパにとって対岸の火事だった。中国で新型の肺炎が拡大しているとの情報は当然伝わっていた。だが、1月末時点で、世界保健機関（WHO）が把握していた感染者は1万人ほどで、その大半が中国だった。過去にもSARS（重症急性呼吸器症候群）など中国で流行した感染症はあったが、ヨーロッパに飛び火しなかったことも、人々の心理に影響していたと思う。

私もこの頃、北京に務める特派員の同僚との電話で「新型コロナ、大変そうですね」などと話すなど、明らかに他人事として捉えていた。

こうした空気を一変させたのは、イタリアだった。1月30日、イタリアの有力紙が、国内で中国人観光客の60代男女二人の感染を報じた。イタリアでの感染確認はこれが初めてだった。イタリア政府は同日、中国とイタリアを結ぶ全ての航空便を一時停止することを決めたが、コロナの脅威を止めることはできなかった。

2月21日に初の死者を確認。最初の感染確認から1カ月ほどで、イタリアの感染者は１０００人を超え、3月12日には死者も中国以外の国で初めて１０００人を突破。その4日後には倍の２０００人を超え、イタリアの市民生活は混乱に陥った。

イタリアが直面した感染症の危機は、EUの危機だった。EUは、国境を人々ができるだけ自由に行き来できる「移動の自由」を重要な価値観に位置づける。EUに突きつけられたのは、感染者の移動の自由も認めるのかということだった。

右派はそれまで、移動の自由が、イスラム過激派によるヨーロッパでのテロを容易にしていると批判してきた。また、経済目的の不法移民を増やし、自国民の雇用が奪われたり、こうした人々への生活保護などで社会保障の不当な利用が生じたりしているとも訴えていた。

移動の自由が新型コロナの脅威を拡大させているとなれば、こうした批判が強まるのは当然だ。ロイター通信によると、フランスの極右政党・国民連合のルペン党首（当時）は2月27日、「国境管理が必要だ。これはイタリア人への敵意というものではない」とフランス政府にイタリア国境での入国検査を厳格にするよう求めた。

移民に対して厳しい姿勢のアメリカのトランプ大統領（当時）も、EUの「人の移動の自由」を問題視した。3月11日、国境検査なしで入出国できるシェンゲン協定に加盟する26カ国に、過去14日以内に滞在した外国人らの入国を制限することを決めた。

EUは当初、こうした批判や対応に反発した。EUを主導するドイツのシュパーン保健相は

3月11日、「ある地域を完全に閉じても、ウイルスの侵入を防げない。重要なのは感染のペースをどう遅らせるかだ」と、国境管理の復活は解決策になりえないと反論した。EUのミシェル首脳会議常任議長と行政トップのフォンデアライエン欧州委員長は3月12日、米国が決めた入国制限について、「新型コロナウイルスは地球規模の危機で、協調が必要だ。一方的で相談もない米国の決定は承服できない」と共同声明を発表し、トランプ大統領を批判した。

だが、欧州での新型コロナウイルスの震源地となったイタリアに接する国の間では、EUの理念より自国民の安全を優先する動きが広がった。オーストリアは、新型コロナの陰性を示す医師の証明書がない限り、イタリアからの入国を原則認めないと決め、スロベニアも入国制限を導入した。

結局、EUはこうした加盟国の動きに押される形で、方針を転換することになる。3月17日、感染拡大を防ぐため、第三国の人々のEUへの渡航を30日間制限することを正式に決めた。フォンデアライエン欧州委員長は「我々の医療システムに途方もない圧力がかかっている。渡航が減れば減るほど、ウイルスをより封じ込めることができる」と新型コロナ対策を優先する考えを示した。

EUの異例の政策転換の背景に、市民の意識の変化があったのは間違いないだろう。

私が駐在していたベルギー・ブリュッセルではイタリアでの感染拡大初期でも、街中でマスクをしている人を見かけることはほとんどなかった。花粉症対策などでマスクに慣れている日本人が、現地でマスクをしていると「感染させられるのではないか」と警戒すらされた。

だが、イタリアの状況が深刻になるにつれ、マスク姿の人が急増した。学校は閉鎖され、通勤も制限されるようになった。人との距離を取ったり、一カ所に長時間とどまったりしないよう、公園の芝生やベンチに座ることも禁じられ、馬に乗った警察官がパトロールをするようになった。レストランやカフェは営業が禁止され、開いているのはスーパーや薬局など日常生活に不可欠なものを扱う店だけになった。私が普段行っていた、大型スーパーのカルフールでも、入店人数の制限で長蛇の列ができていた。それでも、感染の波を止めることはできず、ベルギーでも死者数が急増。それは、誰かの家族や友人の死も意味し、誰もが死の危険を身近に感じるようになった。

ローマのカトリック教会で、マスクとゴム手袋をした神父から、手渡しでパンを受け取る信者。2020年5月18日

人の移動の自由は、「ヨーロッパを分断するような戦争を二度と起こさない」というEUの理念の根幹をなすものだ。それだけに、EUはギリギリまでこの自由と、EU市民の安全を両立させる策を探ったことは間違いないだろう。だが、未知の脅威と、積み重なる

死者数の前に屈した格好になった。

欧州のリベラル派はコロナ前、国境を閉じ、移民や難民に厳しい姿勢を取ることについて「自国第一主義」だと非難してきた。だが、コロナ後、それを声高に訴える人は減った。人命に関わる感染症の恐怖の前では、どんな崇高な考えも価値を持たない。もちろん、EU首脳はそんなことは分かっていただろう。EU自体が、人の命を理不尽に奪う戦争を否定するためにつくられた組織だからだ。経験したことがないウイルスの脅威を読み誤り、判断が遅れてしまったというのが実情だろう。しかしそれは、ナショナリストや排外主義者たちに「リベラル派は現実離れした理想主義だ」と攻撃する材料を与える好機にもなった。

マスクの囲い込み

感染拡大当初、新型コロナ対策に必須だったマスクや人工呼吸器の不足問題も、EUが常々、強調する価値観である「連帯」に疑問符を突きつけた。

2月下旬以降、感染が拡大したイタリアやスペインでは当初からマスクや人工呼吸器、医師が不足し、EUの支援を求める声は日に日に強まった。だが、加盟国で相次いだのは自国を優先し、EUの結束に反するような行動だった。

EUを主導する立場にあるドイツ、フランスの行動が象徴的だった。ドイツはEU域内も含め、マスクや防護服の輸出を一時的に禁止。フランスも当初、政府がマスクの在庫管理をして、他国への融通を制限した。先に述べた通り、各国が相次いで導入した入国制限も医療品の融通の壁になった。各地の国境で、トラックの長い行列ができ、イタリアやスペインへの医療品の輸送に大きな影響が出た。感染が国境を越えて急拡大する中、自国の医療体制の強化を優先した各国に対して、ＥＵはほとんどなすすべがなかった。フォンデアライエン氏は３月26日、「欧州が互いのために必要な時に、あまりに多くの国が自国のことだけを考えた」とＥＵ内の亀裂を認めた。

３月半ば、ＥＵは人工呼吸器など大半の医療品について共同調達する仕組みを始めるなど、亀裂の修復を図ろうとしたが、対応の遅れは明らかだった。ドイツがイタリアやフランスから感染した患者を受け入れ始めたのも、ようやく３月下旬になってからだ。フォンデアライエン氏は４月、欧州議会で「当初、イタリアが助けの手を必要としていた時、あまりに多くの国にその準備ができていなかった。心からおわびする」と異例の謝罪をした。

ベルギーでは感染拡大を受け、市民がトイレットペーパーや水などを求め殺到し、スーパーの棚が空になった。2020年3月13日

乱れるEUにロシア、中国の影

ＥＵは外からも、揺さぶられた。ＥＵが新型コロナ対応に追われる中、その間隙を縫うように存在感を示したのが中国、ロシアだった。

感染拡大当初、中国はイタリアやスペインに大量のマスクや防護服を送った。欧州委員会のフランス代表部が3月末、「フランスとドイツは、中国より多くのマスクをイタリアのために集めた」とわざわざツイッターに投稿するほど、中国の物量支援の勢いはすさまじかった。ＥＵとは普段、対立関係にあるロシアも支援に積極的に乗り出した。ロシアのプーチン大統領は3月21日、イタリアのジョゼッペ・コンテ首相（当時）との電話会談で同国への支援を約束した。直後に軍用輸送機で消毒機材や検査機を同国に運び、感染が広がった北部ロンバルディア州で、ロシア軍の医師や専門家約１００人が活動した。

中ロは情報戦でも優位に立とうとしたとＥＵの専門家は指摘する。ＥＵの情報分析チームは「ロシアや中国の政府寄りのメディアが、新型コロナウイルスに関連して偽情報を流している」とし、「ロシアのメディアは『ロシアはイタリアを助けているが、ＥＵは助けていない』などと伝えている」と指摘した。

イタリアやスペインとともにこうした支援合戦の主戦場になったのは、セルビアなどＥＵ加盟を目指す西バルカンの国々だ。ＥＵから見れば、東のロシアと対峙する上で前線となる国々である一方、ロシアからすれば、ＥＵの東方拡大を防ぐ意味がある。中国とヨーロッパを結ぶシルクロード経済圏構想「一帯一路」を掲げる中国からすれば、ヨーロッパの玄関口となる重要な地域だ。ちなみに、現在（２０２３年）、ロシアが軍事侵攻を行っているウクライナは、まさにこのバルカン半島とロシアの間に挟まれた国である。両国にとって地政学的に重要な国々であることがよく分かるだろう。

こうした事情から、中国は近年、西バルカンへの経済支援や投資に力を入れている。

私が２０１８年春にセルビアを訪れた際は、ベオグラード郊外のサヴァ川をまたぐ高速道路（全長17・6キロ）が中国企業の手で建設されていた。セルビア政府による2億８００万ユーロ（約２７０億円）の事業を請け負っていたのは中国交通建設。資金は中国政府の中国輸出入銀行から調達していた。建設現場では約２２０人の中国人が働いていた。私が作業所となっていたプレハブ小屋に行くと、中国語で笑顔で話しかけられたが、「日本の新聞の記者だ」と言うと、とたんに何も話してくれなくなった。

セルビアでは中国文化の影響も濃くなっている。２０１２年に試験的に導入された中国語クラスは当時、小中学校計64校で選択科目として認められていた。ベオグラードにある中国語教育機関「孔子学院」のラドサブ・プシッチ教授は「成長を続ける中国は魅力的。中国文化に関心を持つ人はもっと増えるのではないか」と語った。ＥＵは加盟を目指す国々に多額の資金を注ぎ込むが、それはあくまでもＥＵの基本理念を体現する国にするためで、利用には制約が多い。一方、中国はEUより緩い条件で、大規模開発に投資してきた。東欧の経済界にとってありがたい存在として、影響力を増してきたという側面もある。

こうした背景から、この地域に対する中ロの新型コロナ対策支援にEUは強い警戒感を示した。3月末には急遽、セルビアなどEU加盟を目指す西バルカンの国々に、4億1000万ユーロ（約480億円）の緊急支援を決めた。

2：問われた緊縮

南北対立再び

新型コロナ下で、ヨーロッパの多くの国では財政支出のあり方も大きな議論になった。財政支出か、緊縮か、これまでヨーロッパで繰り返されてきた問いが、南北問題も絡んで再びクローズアップされた。

新規感染者が指数関数的に増加する中で、欧州では新型コロナの影響を受けた個人、企業を支えるために「給付で支援を」という声が強まった（日本でも同様の事態が起こったことは記憶に新しいだろう）。また、コロナから回復する過程では、人手不足や急激な需要拡大に、ロシアのウクライナ侵攻が加わり、各国は歴史的な物価高にも直面した。コロナも物価高も、経済的に弱い立場の人ほど打撃が大きかった。

新型コロナウイルスの猛威で各国政府がすぐに気づいたのは、対策には多額の財政支出が必要だということだ。こうした状況下、反緊縮の流れはいっそう強まった。コロナ下のヨーロッパで、反緊縮の流れを主導したのは、やはり南欧諸国だった。

新型コロナがイタリア全土に広がった2020年3月28日、イタリアのコンテ首相は、経済支援策をめぐりEUの行政トップ、フォンデアライエン欧州委員長への不満をあらわにした。「私はヨーロッパでの解決のために戦っている」。コンテ氏が言及したのは、「コロナ債」と呼ばれるEUが発行することを想定した債券だ。これは、新型コロナで経済が苦境に陥った国をEU全体で資金援助するための仕組みで、EUの信用力を武器に市場で資金を集める。加盟国間で分担して債務を保証することで、被害の大きい国の負担をできるだけ少なくするという考えだ。イタリアの他、スペインなど南欧の国を中心に計9カ国が、EUの大統領に相当するミシェル首脳会議常任議長に債券の発行を要求した。

イタリアでは3月、食料品など生活必需品以外のすべての生産活動を停止する「都市封鎖（ロックダウン）」を選択していた。経済活動はほとんどが止まり、国際通貨基金（IMF）は、その年（2020年）の経済成長は戦後最悪のマイナス9・1％にまで落ち込むと予測した。

感染者を隔離するための病床、酸素供給装置など医療予算に加え、ロックダウンにより、稼働や営業を止めた工場や飲食店への財政支援も必要になった。給与が大幅に減ったり、絶たれたりした労働者にも給付をしなければならない。

こうした状況に早くから直面していたイタリアやスペインなどの南欧諸国は、もともと財政状況がよくない。一国でできる経済対策には限りがあり、EUの資金援助が不可欠と考えるのは当然だろう。

だが、南欧諸国より経済が強く、財政状況がよいドイツやオランダは当初、イタリアやスペインが求めたコロナ債に消極的だった。財政規律を重んじ、自国への債務の付け替えになるとして強く抵抗した。3月末に開かれたEU首脳のテレビ会議では、ドイツのメルケル首相（当時）らがコロナ債は「すべての国の意見ではない」などと反対した。オランダのウォプケ・フックストラ財務相も「長い目で見て、欧州にもオランダにも助けにならない」と主張した。

危機時の財政支出に備えて財政は健全に保っておくべきで、財政が悪いのは、イタリアやスペイン自身に責任がある。そのツケを財政に余裕がある自分たちの国民に払わせたくないというのが、底流にあるのだろう。欧州債務危機でもつくられた南北対立の時と同じ構図だ。

結局、代わりに、7500億ユーロ（約92兆円）の「復興基金」が導入されることになった。欧州委員会が借金をして原資を調達し、コロナの痛手が大きいイタリアやスペインに手厚く配分するという仕組みだ。ただし、すべてが、渡しっぱなしの補助金ではなく、約半分は返済が必要な融資にした。コロナの打撃が大きく財政状況がよくない南欧諸国と「倹約4カ国」と呼ばれたオランダやオーストリアなど、双方に配慮した格好だ。だが、この間のEUの姿勢にイタリアでは反EUの空気が強まった。世論調査の中には「EUを信頼できない」と答える人が6割を超えるものもあったという。

歴史的なインフレ、爆発したイタリアの不満

イタリアの苦境は新型コロナの急拡大が収まった後に、さらに深まった。待っていたのはかつてないほどのインフレだ。

新型コロナの感染状況が改善するにつれ、米欧は痛んだ経済をできるだけ早く立ち直らせるべく、企業や個人に対する制限を緩めていった。それまで抑圧されていた消費が活発になり需要が急拡大する一方、供給の回復は追いつかなかった。感染封じ込めを優先し、経済を犠牲にする中国の「ゼロコロナ」政策で、中国から各国への部品の供給がなかなか元に戻らなかったことも足かせになった。

米国では、コロナ禍の手厚い失業者支援策やこの間の人々の生活変容の影響もあってか、人々はなかなか労働市場に戻らなかった。流通を担うトラック運転手が不足し、モノはあっても届ける手段がないという事態も起きた。コロナ下での流通を支えた感染リスクの高いキーワーカーであるにもかかわらず、労働条件のよくない運転手などの職に人々が再び就きたがらなかったということなのかもしれない。

高騰する運送費、部品代――。これらは消費者が手に取るモノやサービスの値段に反映され、欧米では物価が2021年春から徐々に上がり始め、多くの国が安定目標としてきた2％に近づいていった。

これにすさまじい拍車をかけたのが、2022年2月のロシアによるウクライナ侵攻だ。ロシアは世界で有数のエネルギー輸出国、ウクライナは世界屈指の穀倉地帯だ。様々な物価に大きな影響を与える原油や小麦の供給不足への懸念から、物価はさらに上がった。

欧州・ユーロ圏では2022年4月、前年比の物価上昇率が7％に達すると、その後、勢いはさらに加速。11月には10％を超えた。米国でも4月に8％を超えると、11月まで8％前後の高水準が続いた。

インフレによる打撃は、一般的に所得が低いほど大きい。削ることが難しい食料品など生活必需品が支出全体に占める割合が、所得が低いほど高いためだ。歴史的なインフレは実際、新型コロナの打撃が大きかった人々の暮らしをさらに追い込んだ。民意という形で真っ先に明確に現れたのが、新型コロナ当初からEUの緊縮路線に異を唱えていたイタリアだった。

すでにコロナ前の2018年の総選挙で、イタリアでは新興政党「五つ星運動」が躍進を遂げていた。「五つ星運動」は、最低所得補償制度（ベーシックインカム）や年金受給年齢の引き下げを公約にした反緊縮左派の政党である。驚くべきことは、この「五つ星運動」が、緊縮政治への反対という点で、右派の「同盟」との連立政権を樹立したということだ。リーマン・

ショック以降のＥＵの緊縮路線で苦しめられてきた南側の国イタリアには、反緊縮を媒介にして両極が結びつく地盤が出来ていたということだろう。

だが、大方の予想通り、元々不安定だったこの連立は、ものの数ヶ月であえなく崩壊し、「同盟」は連立政権を離脱した。これを受けて、「五つ星運動」は中道左派政党の「民主党」、そして民主党の流れをくむ中道政党「イタリア・ヴィヴァ」との連立を決め、第二次コンテ政権が発足することになる。今度は、反緊縮左派と中道左派の連立政権の誕生である。そして、イタリアを新型コロナウィルスが襲ったのは、その第二次コンテ政権下だった。そのコンテ政権がＥＵに求めていたのが、先ほどのコロナ債である。

「五つ星運動」の選挙集会で、候補者の演説を聞く人たち。
イタリア・ローマ。2018年3月2日

　南欧が主導した訴えで実現したＥＵのコロナ基金は、イタリアに最も多く配分されることになった。だが、この使い方などをめぐり、第二次コンテ政権内でも対立が激しくなった。政権運営に行き詰まったコンテ首相は２０２１年2月に辞任し、後任にマリオ・ドラギ欧州中央銀行（ＥＣＢ）前総裁を指名した。ドラギ氏はＥＣＢ総裁として、２０１１～２０１２年の欧州債務危機を乗り切った実力者で、ヨーロッパでは名前をもじって「スーパーマリオ」とも呼ばれる人物だ。

だが、そのスーパーマリオをもってしても、難題をクリアすることはできなかった。ドラギ氏は政権を安定させるため、左右両派の主要政党を結集した大連立政権を樹立したものの、２０２２年７月、歴史的なインフレに直面する家計の負担軽減策を盛り込んだ法案審議の最中、連立内で分裂が起こり、辞任に追い込まれた。セルジョ・マッタレッラ大統領は、このままでは議会で多数派を形成できないと見て解散し、２０２３年春に予定されていた総選挙が９月に実施されることになった。

「左派vs.右派」の構図となった総選挙で勝ったのは、右派だった。右派の新興政党「イタリアの同胞（ＦＤＩ）」が第一党に躍進。選挙戦では、いずれもロシアに近い右派政党「同盟」、中道右派政党「フォルツァ・イタリア」と右派連合を形成した。共通の公約で「国益と祖国の保護」を掲げ、移民政策の厳格化を訴える一方、子育て世帯への手当の増額など財政支出の拡大を強く主張した。つまり、右派ポピュリズム的な形で反緊縮を訴えた格好だ。

それに対し、左派の「五つ星運動」は大きく議席を減らした。前述のように、２０１６年の総選挙、２０１８年の総選挙では、左派の立場から反緊縮を訴えた「五つ星運動」は、新興政党ながら支持率トップに躍り出し、２０２２年の連立離脱まで「五つ星運動」は連立政権の主軸を担っていた。だが、離党者が相次いだこと、連立政権下での政局の不安定さなどが原因で

イタリアの総選挙での主要政党の得票率の変化

（出典：The Guardian HPより）

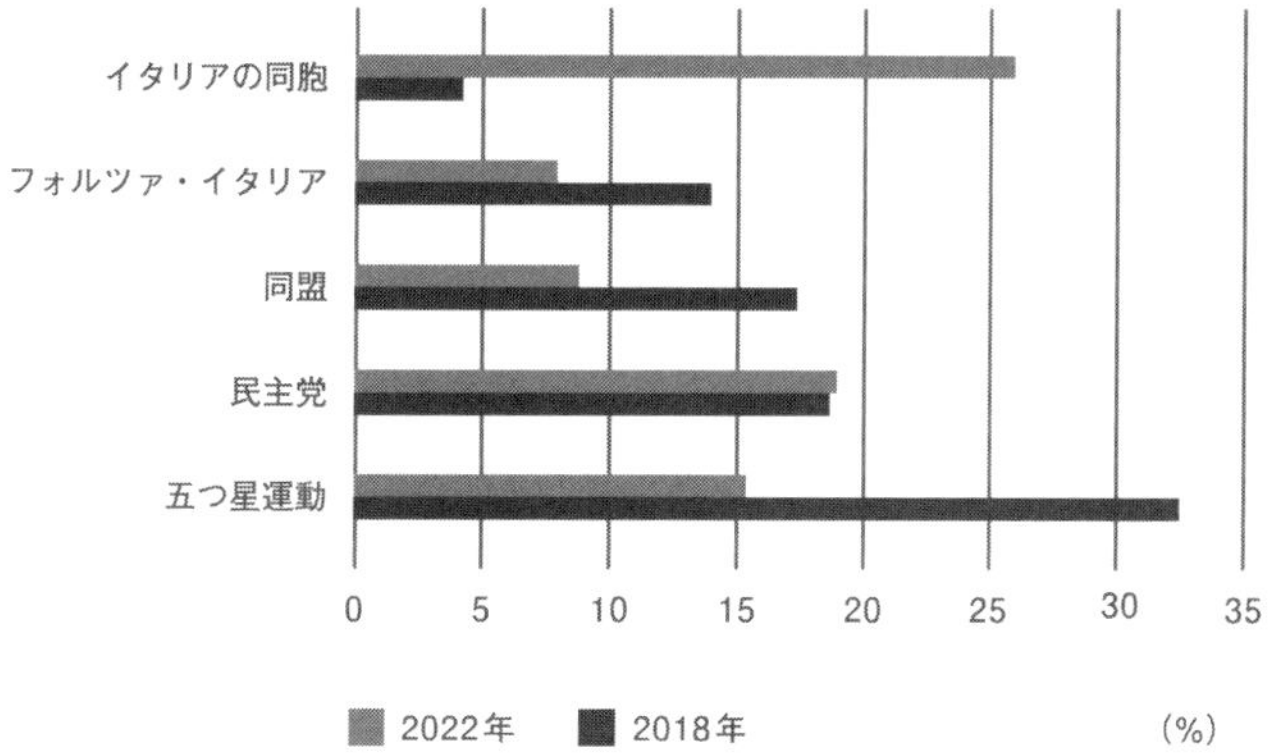

大きく支持を落としてしまったとみられる。さらに、中道左派の民主党の支持も伸び悩んだ。

イタリアでは、この選挙をきっかけに、反緊縮左派（五つ星連合）の支持が大きく落ち込み、入れ替わりに反緊縮右派の新興政党（ＦＤＩ）が大きく支持を伸ばした形となる。世界的に注目されたのは、ＦＤＩの党首で、後に初の女性首相に選出されたジョルジャ・メローニ氏だ。英ＢＢＣによると、メローニ氏は総選挙前の６月、スペインの極右政党「ＶＯＸ」に向けた演説で、政治家としての優先事項を次のように挙げた。

> 自然な家族に賛成、ＬＧＢＴロビーに反対、性的アイデンティティに賛成、ジェンダー思想に反対、イスラム主義暴力に反対、強固な国境に賛成、大量移民に反対、

大きい国際金融機関に反対、ブリュッセルの官僚に反対。

だが、メローニ氏は選挙戦ではこうした過激な主張を封印し、財政支出の拡大を強く訴えた。極端に右派的な思考では、支持は広がらないと見たのだろう。そのある意味での現実路線は奏功し、今後の極右政党の新たな戦略を感じさせるものになった。確実に言えるのは、新型コロナ、歴史的なインフレと苦境に直面したイタリアの人々の不満の受け皿となったのは、結局、右派だったということだ。

緊縮ドイツの変化

コロナはこれまで財政規律を重んじ、緊縮国家とされてきた国の財政支出への姿勢も変えた。代表的なのはドイツだ。

ドイツ政府は２０２０年3月、6月と相次いで補正予算を編成。工場の操業などが著しく制限される中、従業員の雇用を維持する企業への給付や個人事業主などの減収補塡に加え、消費税にあたる「付加価値税」の税率を7月から半年間に限り、19％から16％に下げるというかなり踏み込んだ財政政策を展開した。二つの補正の予算額は１４７３億ユーロ（約20兆円）となり、ドイツ政府は7年ぶりに国債を発行。税収減の穴埋めも合わせ、国債発行額は２１８５億ユーロ（約30兆円）に達した。

こうした財政対応は、ドイツにとって極めて異例だ。ドイツは憲法にあたる連邦基本法で原則、財政収支を均衡させるよう政府に義務づけている。すでに述べたように、２００９年の基本法改正で設けられた債務ブレーキ規定により、連邦政府の国債の発行は厳しく制限されている。今回、ドイツは連邦議会で過半数の議決を得て、この規定の例外を適用。議会は「相当規模の国家的措置を必要とする新型コロナの影響で、非常事態が発生している」とした。ただ、政府は基本法の定めに従って国債の発行を決めるとともに、20年で償還していく計画も示した。

このドイツの異例の対応をどう評価するか。興味深かったのは、財政規律重視派はドイツが同時に国債の償還計画を策定したことを評価し、反緊縮派は、ドイツですら付加価値税の引き下げにまで踏み込んだことを引き合いに、財政支出拡大の必要性を訴えたことだ。

３：英国の混乱

ジョンソン首相の辞任

新型コロナとその後の激しいインフレで、イタリア以上の混乱に陥ったのはイギリスだ。迷走劇の前半の主役は、ＥＵからの離脱を成し遂げたボリス・ジョンソン首相（当時）だった。新型コロナ対策のロックダウン中に官邸であったパーティーにたびたび出席したことが発覚し、批判を浴びた。さらに、説明でうそを重ねたことで、一気に辞任に追い込まれた。

ジョンソン首相の辞任を受け、2022年9月に行われた与党保守党の党首選で勝ったのは、同じ保守党で、「鉄の女」と呼ばれたサッチャー元首相を尊敬していると公言していたリズ・トラス外相だ。トラス氏にとって重要な課題は、不況と物価対策だった。就任後、総額450億ポンド（約7・5兆円）規模の減税とともに、ウクライナ情勢の悪化による電気やガスの価格の値上がり分を政府が賄う超大型の財政支出策を決めた。

想定外だったのは市場の反応だ。トラス氏の経済対策が明らかになると、市場は激しいイギリス売りを始めた。

イギリスの中央銀行（イングランド銀行）は当時、インフレを抑えるために利上げを進めていて、保有する国債を売る「量的引き締め」も始める予定だった。だが、トラス政権は、人々の電気、ガス代の負担を軽くする巨額の予算を大量の国債発行で捻出する予定だったことから、市場に国債があふれることの懸念が一気に拡大した。

通常のセオリーでは、政府が大規模な財政支出を行うため国債を発行しようという場合、中央銀行がとる政策は、国債の価格が下落しないようにそれを買い支えるということだ。しかし、トラス政権では、むしろ中央銀行がインフレ抑制のために保有する国債を売りに出そうとしていたところに、政府が新規の国債を大量発行しようとしており、両者の足並みが全く揃っていない。この混乱した様子を見た投資家の間で、大量の国債発行で財政が悪化するとの見方も強まり、それまで3・1％前後で推移していた10年国債の利回り（長期金利の指標）が一時、4・5％まで上昇し、英ポンドも株価も下がった。

金利の急上昇（国債価格の急落）で、直接的な負の影響を受けたのは英国民の老後の暮らしを支える年金基金だ。イギリスの年金基金は、低金利環境を活かし、英国債を担保に資金を借り入れて運用をしていた。そのため、国債価格の下落で追加の担保を求められる事態になり、持っている大量の英国債を売らざるを得なくなった。米大手証券のJPモルガンは、イギリスの年金基金に最大1500億ポンド（約25兆円）の損失が出ている見通しだとした。

さらに、中低所得層の神経を逆なでしたのは、トラス政権が打ち出した減税の恩恵が、庶民ではなく大企業や高所得層に偏っているように見えたことだ。減税策の一つの柱は、高所得者への所得税の最高税率を45％から40％に引き下げるというものだった。国際通貨基金（IMF）も「格差を広げる恐れがある」と再検討を求めていた。減税策には、ジョンソン首相時代に決まっていた法人税率の引き上げ（19％↓25％）の撤回も盛り込まれていたことから、物価高に苦しむ国民の怒りを買った。

その後、英調査会社ユーガブの世論調査で政権の不支持率は8割に迫り、支持率は10％を切った。閣僚の辞任も相次ぎ、保守党内からも辞任を求める声が強まった。国民からも、市場からもノーを突きつけられ、与党からの支持も失ったトラス首相はわずか44日で辞任することになった。

追い詰められる人々

トラス氏の辞任劇の背景に、この10年の緊縮財政下、イギリスでマグマのようにたまっていった中低所得層の不満や不安があるのは間違いないだろう。所得が伸び悩む中、何とか家計をやりくりしていたところに、新型コロナで収入を得ることもままならなくなった人も少なくない。そこへ、訪れた歴史的なインフレ。電気、ガス代が急騰し、いよいよ追い詰められてしまった。

イギリス最大のフードバンク「トラッセル・トラスト」は2022年11月、フードバンクへの「需要の津波（ニーズ・オブ・ツナミ）」が起きていると政府に警鐘を鳴らした。同年4月からの半年で非常用の食料セットを130万個配ったという。2021年の同期間よりも3割程度、コロナ前からは5割以上増えているそうだ。中でも子どもの貧困は深刻で、130万個のうち、子どもに届けられた食料セットは50万個を占めるとしている。イギリス北部・ブラッドフォードでマネージャーをするジョシー・バーロウ氏は発表した声明で「最近、フードバンクに来た人が『今、牛乳を買うのはぜいたくだ』と言っていた。多くの人が光熱費や食費に苦しんでいる」と述べた。

本格的な冬の到来を前に、BBCはホームページ上に、「コスト・オブ・リビング（生活費）」

という特集ページを作成。暖房費の節約方法や、住宅ローンが払えない場合に取り得る手段などを紹介し始めた。

新型コロナやインフレによって追い詰められ、将来への不安を強める人々の目に、トラス氏はどう映ったのだろうか。私は、トラス氏と、トラス氏が尊敬しているとしたサッチャー元首相の関係を感じずにはいられなかった。トラス氏は確かにコロナ以降に生じた不況と激しいインフレを解決するために、大規模な財政出動を実行しようとした。だが、問われたのはその中身だ。減税策は、高所得者の所得税、企業の法人税の軽減であった。長年、イギリスの緊縮に苦しんできた人々からすると、これは、企業や労働者に競争を促し、社会保障を効率化し、格差を拡大させたサッチャー時代への回帰を想起させたのではないだろうか。トラス首相がもし高所得者層の減税を打ち出さず、もっと庶民の暮らしを助ける財政出動策を前面に押し出していたら、ここまで支持率は下がらなかったのではないだろうか。

また、トラス政権の失敗は、金融市場の動向を慎重に見極めなくては、政権運営は難しいという現実も改めて突きつけたように思う。先に述べたように、大規模な財政出動を国債で賄おうという場合、通常は中央銀行が国債を買い支えして金利を低く保つようにする。しかし、コロナ禍からの回復期に生じたのは、ウクライナ情勢という外部要因も加わった歴史的なインフレだ。インフレを抑制しようとすれば、通常のセオリーでは、中央銀行は国債を売りに出し、金利を上げなければならない。だが、これは国債の買い支えとは逆の動きだ。こうした特殊な状況下で、どのようなバランスで経済政策を進めるべきかについては、専門家の間でも意見が分かれるところだ。

トラス政権はインフレを抑制しつつ、不況にも対処するという難しいかじ取りに失敗した。そして、こうした政治の迷走が金融市場で狙われれば、経済大国のイギリスといえどあらがうのは容易ではないことが明白になった。長期金利が大幅に上昇すれば、財政運営は一気に厳しくなる。また長期金利を指標とする固定の住宅ローンや企業の借入金利も大幅に上がることを余儀なくされ、市民生活や実体経済に与える影響も大きい。

多くの先進国で高い成長が見込めず、財政運営が厳しくなる中、金融市場からの信頼と財政政策とのバランスをどう取り、どういったメッセージを発していくのか。直面しているのは、財政政策に不満を持つ人々の声に耳を傾けつつ、市場の声とも対峙しなければならない、という難問だ。少子高齢化と経済の低成長時代に入り、税収の大きな伸びが見込めない中、高齢化に伴い医療や福祉にかかる費用は増えていく。イギリスの今回のケースは、低成長期に入った先進国の政権運営が、ますます難しくなっているということを示す象徴的な出来事だったように思う。

エピローグ　未来へと一歩を踏み出す

「いつも一番不満を持つものにあたれ」

アメリカの著名なジャーナリスト、故デイヴィット・ハルバースタムがメディアの興亡を描いた『メディアの権力』に出てくる言葉だ。1950年代、「ニューヨーク・タイムズ」のワシントン支局長として活躍したジェームズ・レストン氏が、特ダネを取る時の心得として若い記者に伝えていたという。新聞記者である私にとっても、折に触れて思い出す行動指針のような言葉になっている。官庁でも企業でも政党でも組織を取材する際、不満を持っている人物からは情報を得やすい。重要なのは、こうした不満こそ、往々にしてまだ明らかになっていなかったり、注目されていなかったりする社会の大きな問題の源泉であるということだ。隠れている問題に光を当て、社会に提起する。新聞記者の基本的な使命の一つであり、存在意義と言ってもいいだろう。

2017年5月にベルギー・ブリュッセルに赴任した際、この言葉に忠実に、今のヨーロッパ社会に不満を持っている人にできる限り、直接あたろうと考えた。それも、できるだけこれまでメディアに登場してこなかった人々に。そうした取材を通じて、なぜ、戦後の欧州政治が主導し、広げてきたリベラリズムという考えや、それを標榜する政党、政治家が強い逆風を受けているか、知ることができるのではないかと思ったためだ。

イスラム移民に対し差別的な主張を繰り返すフランスの若者、過激な反リベラルの主張を行う日本出身のチェコの国会議員、オランダの極右のリーダー……。本書の取材は、まず、こうした〝リベラル嫌い〟の人々の考えの背景を探ることから始まった。人々はどうして彼らのような過激な言説に引き寄せられるのだろうか？　こうした人々の声から、なぜ、世界的にリベラル派が支持を失い、政治の二極化が進んでいるのか、その理由に迫ろうとした。

だが、取材を進めながら浮かび上がってきたのは、経済のグローバル化に伴い生じた急激な変化に翻弄される「時代に取り残された」人々の姿と、その苦しみに拍車をかけるＥＵ各国の硬直的な財政運営という、より広範囲な問題であった。

この間、ヨーロッパで多発したテロ、そして２０１５年の欧州難民危機により急増した移民・難民。こうした状況によって増幅された不安感が、人々を極右ナショナリズムの過激な言動に近づけていったことは確かだろう。しかし、同時に、リーマンショック後にヨーロッパを襲った経済不安や、それに対するＥＵ各国の緊縮策が、人々の既存の政治・社会に対する信頼感を大きく損ねてしまった、という側面にも注目すべきだろう。その源流をたどれば、本文で詳述したように、１９８０年代以来の政治にまでさかのぼることもできるかもしれない。不満の下地はすでにできていた。

既存の政治・社会に顧みられず、自分たちは「見捨てられ」ていると感じる人々にとって、移民やリベラル派を「敵」と名指しする過激な言説は、とてもわかりやすいものだろう。だが、難しいのはこうした言説を非難するだけでは、問題の解決は図れないということだ。その背後にはもっと堅固な社会の構造がある。

そこで私は、〝リベラル嫌い〟の右派だけではなく、緊縮策をめぐりEUに反旗を翻したギリシャの左派の元財務相やイギリスの工業都市で30年にわたり、緊縮が広がる様子を目の当たりにしてきたソーシャルワーカーに話を聞いた。また、ポルトガルの反緊縮運動の火付け役となった若者のもとにも足を運んだ（なお、本書中に登場する人物の年齢や為替レートは、取材当時のものである）。

その結果として深まったのは、リベラル派に対する反発が広がる主因には、やはり経済があるという確信だ。低成長時代に入ったヨーロッパの、特に西側の先進国を取り巻く環境は厳しい。少子高齢化で市場や労働力が縮小していく一方、社会保障費は膨らみ続け、リベラル派が主張の一つの柱にする格差是正のために再分配する税収は伸び悩んでいる。戦後の経済成長期に拡大した中間層は細り、経済成長の恩恵にも再分配の恩恵にもあずかれず、日々の暮らしや、将来に不安を感じる人々は増えている。

こうした状況のもとで、収入が下がったり、失業したりする人々に、「財政健全化のために緊縮を進める」と言い続けたら、どう受け止められるだろうか。確かに財政は重要だが、目の前で困っている自分たちを犠牲にして、政党は誰のために政治をしているのか——。そんな思いも抱くだろう。国全体が大きな不況に直面したギリシャなど南欧の人々であれば、なおさらだ。苦しい生活状況の中で移民が増えれば、不満の矛先はそちらに向かっていくことにもなる。

日本も他人事ではない。ベルギーでの駐在を終えて、帰国した私は予算を司る財務省の担当となり、その一端を垣間見た。日本は、2012年に発足した第二次安倍政権がアベノミクスを掲げ、「機動的な財政政策」を経済政策の柱にしたものの、新型コロナ期を除けば、実際には歳出は大きく増えていない。さらに、歳出増の中身を見れば、高齢化に伴う半ば必然的な社会保障費の増加が大半を占める。

それは、1990年度と2021年度（安倍氏から政権を受け継いだ菅内閣下）の当初予算を比べると一目瞭然だ。歳出全体は66・2兆円から106・6兆円に増えたが、40・4兆円の増加分の内訳を見ると、最も多いのは社会保障の24・2兆円で、以下、国債の償還や利払いにかかる費用9・5兆円、新型コロナの予備費5兆円、防衛費1・1兆円と続き、経済成長に重要な「文教・科学技術」分野の予算は3000億円程度増えたにすぎない。一方、公共事業は減っていて、今の日本の財政運営は緊縮とは言えないまでも、極めて緊縮的な運営をしている状況と言えよう。

1990年代のバブル崩壊以降、低迷した税収を補うために増やした国債の発行が常態化したことが、今の財政を硬直化したものにしてしまっている。その結果、国債残高は今や1000兆円を超え、先進国では最悪レベルにあり、大きな財源を必要とする新たな政策を打ち出しにくくなっている。財政の制約により、積極的な投資を行えず、そのことによりますます経済は縮小し、税収はいっそう細っていくという悪循環にも陥っている。

正社員でも賃金は伸び悩み、不安定な雇用の非正規社員の数が高止まりする中、不満が緊縮的な財政政策に向かいやすくなっている。新型コロナ感染初期に国民全員に配られた10万円の給付金の議論は、その一つの例だ。一定の所得がある人を対象外とする当初の政府案に強い反発が起こり、撤回に追い込まれた。子ども手当の所得制限も激しい批判を浴び、財務省への風当たりは厳しくなる一方だ。

第二次安倍政権下、自民党内でも財政拡大派の勢いが増した。また、消費税廃止を訴える山本太郎氏のれいわ新選組の誕生などもあった。日本ではまだ、ヨーロッパで見たような反緊縮の大きな動きは起こっていないが、国民の不満は徐々に顕在化していると言えるだろう。

ヨーロッパでもう一つの大きな論点になっている移民についても、変化が見られる。法務省によると在留外国人の数は年々増え、2022年6月末には297万人と300万人に迫り、この10年で約1・5倍になっている。イタリアやフランスなどヨーロッパの国に比べれば、人口に占める外国人の割合は小さいが、今後人口減少に伴い、労働力としての外国人はさらに必要とされ、増えていくことが見込まれる。労働市場に与える影響が大きくなれば、ヨーロッパのように外国人労働者との競合問題や、社会保障の受給対象の問題に発展していく可能性がある。

では、こうした問題にどう対峙していけばいいのか。重要なのは、再分配にあたって政府が行う支援対象の線引きが、いたずらな分断を招いてしまうことに注意深くあることだろう。例えば、戦後、高い経済成長を実現し、中間層の所得が増えていた時代は、その対象を所得制限で絞ることに大きな問題はなかっただろう。だが、今やこうした中間層は縮小し、低所得者予備軍と言えるような人々が増えた。中間層でも所得が伸びず、社会保障費の増加に強い負担感を抱く人も少なくなくなっている。

もちろん、真っ先に助けるべきは低所得者であることは今も変わらないだろう。また、現実的に傾けられる財源にも限界はあるだろう。だが、そこに公的な支援を傾けるという名目で財政を絞り、他の層をおろそかにしてしまうと、社会全体で不満が大きくなってしまう。政府として、中間層も大事にしているというメッセージを伝えるためには、薄く広くでも何らかの恩恵を感じられるようにする必要があるだろう。財政を維持するためと、何らかの給付で所得制限をして、低所得者と中所得者の間で線引きをするのは、不毛な対立や政府への批判を生む悪手となってしまう可能性が極めて高い。先に述べたように、新型コロナの打撃を受けた人々を支援する目的で2020年春に考えられた、一人10万円の給付金で、当初検討されていた所得制限が大きな批判を浴びて撤回されたことは、その象徴的な事例と言えよう。新たな給付をするのであれば、極力、線引きはしない。それぐらい慎重に給付政策は考える必要がある。

移民の問題も同様だ。移民への公的支援を手厚くしようという際に、「移民vs.国民」の構図がたやすくつくられてしまうのは、これまで見てきた通りだ。経済全体で見れば、移民はプラスということになるが、マイナスの影響を受ける少数派の存在を忘れてはならない。移民政策を考える時は、こうした人々への支援策もセットにするべきだろう。

世界での経済成長の主役は新興国に移りつつある。多くの先進国が少子高齢化に直面し、社会保障の負担が大きくなる中、高い経済成長は望めず、財政運営は簡単ではない。人も資本も容易に国境を越える時代、再分配の財源を高所得者層への課税などに頼れば、国外への流出の動きを加速させかねない。一方で、財政が危ないという見方が市場で広がれば、国債が売り込まれ、金利が急騰し、経済が混乱に陥るリスクもある。移民も制限すれば、労働力が確保できず、経済成長への妨げになったり、企業の海外進出を後押ししてしまうことになったりするおそれがある。

なぜパイの分配をめぐってこのような社会の分断が起こってしまうかと言うと、多くの先進国が、経済成長期のように放っておいても政府が配るパイが大きくなっていく時代でも、労働者の所得が増えていく時代でもないからである。「そもそも分配するパイが少ないのだから、どこかで線引きをせざるを得ない」と考えるのは、ごく普通のことと言えるだろう。しかし、パイが増えない中、少子高齢化で膨らむ社会保障を維持するためにと緊縮を行い、財政を切り詰め続けるだけでは、待っているのはさらなるパイの縮小という悪循環でしかない。いずれにしても、右派、左派どちらとも、中道政党（広い意味での「リベラル・パーティー」）を標榜する人々にとっては、難しい時代になっている。私たちは経済政策や経済成長の恩恵を受けられずにいる人々の不満、不安にどう向き合うべきか。アメリカのトランプ前大統領が就任演説で「忘れられた人々（The forgotten men and women）」と語ったように、急進的な右派は彼らの声に耳を傾けるポーズを見せた。

一方、一部の左派は、トランプ大統領を支持する人々や、移民排斥を訴える人々を「ポピュリスト」「差別主義者」「低学歴層」と言って批判した。だが、見てきたように、ヨーロッパの先進国の多くの左派政権は財政健全化の旗の下、こうした人々の声に十分耳を傾けてこなかった。「極右が伸長したのは事実ですが、彼らを支持した人々を『レイシスト（人種差別主義者）』と表現することは完全に誤りです。私たちは、こうした人々の不満の源泉を理解せず、解決策も提示できていませんでした」。ブレグジットが決まった後にそう語った、リベラル派の重鎮・英国労働党のドロメイ氏の言葉は、とても重い意味を持っている。私たちはそのことを、もう一度真摯に考えてみなければならないのだろう。

だが、このような時代にも希望がないわけではない。第5章で取材した「ポルトガルの奇跡」が見せたのは、厳しい財政状況の中でも、人々の仕事や暮らしに直結する分野に積極的に投資（財政支出）をし、そのことによって経済を成長させ、結果的に財政状況を改善することができる、という可能性である。ポルトガルの左派連合の会派代表、ペドロ・ソアレス氏の言葉を再び引きたい。

（反緊縮策によって）人々が以前より多くの収入を得られるようになったことで、主に失業手当など貧困関連の社会保障費が小さくなったことが（財政改善の）最大の理由です。財政収支の改善は、我々の選択に対する外からの見方をも変えました。（中略）

２０１５年以降、我々は年金や失業給付を異例の規模で増額しましたが、経済はむしろよくなりました。財政支出を削れば、経済が強くなるという考えは矛盾しています。よりよい社会システムのためには、よりよい経済が必要なのです。人々が消費に回せる収入があってこそ、よりよい経済の実現は可能なのです。

本書で見てきたように、「ポルトガルの奇跡」は決して「バラ色の未来」を示すものではなく、その前には数多の困難が立ちふさがっている。しかし、私たちには、緊縮とは別に取りうる選択肢があるという可能性を示したという点で、大きな一歩でもある。

格差是正、多様性と自由、リベラリズムの核とも言える価値観が今、強く問われている。そこに向き合うことがすなわち解決だ、と言えるほどには簡単な状況ではないことはこれまで述べた通りだ。だが、まずはその一歩を踏み出せるかが、リベラル派の今後、先進国の未来を大きく左右することになるのは間違いない。私が「ポルトガルの奇跡」の取材の中で見た小さな希望は、その一例である。本書もまた、リベラリズム再興のために踏み出す一歩となることを願っている。

最後に本書の取材に協力してくれたすべての関係者に感謝したい。また、欧州赴任時、「本を書けるような取材を」と送り出してくれた「朝日新聞」の坂尻信義・国際報道部長（現・社長補佐役）、欧州各国での自由な取材を後押ししてくれた石合力・欧州総局長（現・編集委員）、取材のサポートをしてくれたオランダ在住のライターで写真家のキヨミ・ユイさん、パートナーのミック・ネスさん、ブリュッセル支局スタッフだったアナ・ユベールさん、ローラ・ベルベッカさんらにも謝意を示したい。編集者として、本書の構成や核となる内容について、的確で重要な助言を何度もしてくれた亜紀書房の小原央明さんなくして、本書はできなかった。深く感謝したい。

津阪直樹（つざか・なおき）
1979年生まれ。早稲田大学を卒業し、2004年に朝日新聞社入社。青森、さいたま総局を経て経済部で国交省、官邸などを担当。英ロンドン・スクール・オブ・エコノミクス（LSE）で公共政策修士号を取得し、2017年からブリュッセル支局長。2020年春に帰国し、財務省担当を経て、現在は金融取材を取り仕切る日銀キャップ。

ルポ　リベラル嫌《ぎら》い

欧州《おうしゅう》を席巻《せっけん》する「反《はん》リベラリズム」現象《げんしょう》と社会《しゃかい》の分断《ぶんだん》

2023年8月4日　第1版第1刷発行

著者　津阪直樹

発行者　株式会社亜紀書房
郵便番号 101-0051
東京都千代田区神田神保町1-32
電話 03-5280-0261
振替 00100-9-144037
https://www.akishobo.com

装丁　國枝達也
写真提供　朝日新聞社
DTP　山口良二
印刷・製本　株式会社トライ　https://www.try-sky.com

ISBN978-4-7505-1804-6 C0030